新闻出版总署第四次向全国青少年推荐百种优秀图书

中华文化承传

下 册

编 著：施仲谋　杜若鸿　邹翠文
编 审：杜振醉　康一桥　侯玉珍
编务统筹：方世豪

北京大学出版社

图书在版编目（CIP）数据

中华文化承传(下册)/ 施仲谋，杜若鸿，邬翠文编著. —北京：北京大学出版社，2007.4
ISBN 978-7-301-08003-0

I.中… II.①施… ②杜… ③邬… III.传统文化—中国—青少年读物 IV.G12-49

中国版本图书馆 CIP 数据核字(2005)第 044610 号

书　　名：	中华文化承传（下册）
主　　编：	施仲谋
副 主 编：	杜若鸿
编　　著：	施仲谋　杜若鸿　邬翠文
编　　审：	杜振醉　康一桥　侯玉珍
编务统筹：	方世豪
插　　图：	沈宇翀　姚　凯　胡　晶
	徐熙熙　游文婷　刘彦鹏
责任编辑：	邓晓霞　dxxvip@vip.sina.com
标准书号：	ISBN 978-7-301-08003-0/G·1294
出版发行：	北京大学出版社
地　　址：	北京市海淀区中关村成府路205号　100871
网　　址：	http://www.pup.cn
电子信箱：	zpup@pup.pku.edu.cn
电　　话：	发行部 62750672　编辑部 62752028
	邮购部 62752015　出版部 62754962
印　刷　者：	北京恒信邦和彩色印刷有限公司
经　销　者：	新华书店
	650毫米×980毫米　16开本　13.5印张　250千字
	2007年4月第1版　2010年5月第3次印刷
定　　价：	38.00元

本书版权属优质教育基金所有。
未经许可，不得以任何方式复制或抄袭本书之部分或全部内容。
版权所有，侵权必究　　举报电话：010-62752024
　　　　　　　　　　　　电子信箱：fd@pup.pku.edu.cn

序 一

《中华文化承传》在经过许多学校试用、反复修改后终于正式出版了。这是教育界、出版界的一件值得庆贺的事。

我实在喜欢这套书;我相信青少年朋友也会喜欢这套书;我还相信,如果把这套书译成英、法等文字,也会受到广大华侨、华人和外国朋友的欢迎。

为什么?

这套书给人们提供了每个中国人所应了解、每个喜欢中国或想了解中国文化的人需要了解的中华文化轮廓;全书深入浅出,轻重适宜,活泼灵动,依次递进,趣味盎然,引人入胜;选材和行文颇费编写者们的苦心,做到尽量与生活切近;创造性地与语文课程相结合,可以使同学们扩视野,长知识,开思路;每个专题都提出"思考"或"反思",给同学和老师发挥想象、思索、补充的巨大空间,体现了学习中华文化的目的不只是增加知识,更重要的是懂得一个国家、一个民族应该怎样把握自己的命运,怎样不断前进。

中华文化博大精深,源远流长,为人类文明史上所罕见。相比之下,这套书所涉及的不过是沧海一粟,但却可以使读者略窥中华文化的全貌。

需要特别提到的是,现在世界各国、中华大地、港澳台同胞正以前所未有的兴趣关注中华文化,学者们正在探索如何普及中华文化的基本常识。我也希望这套书在推广中不断吸取学生、老师和社会贤达的意见和建议,修订得越来越完善,越来越受到广大青少年朋友的欢迎。

许嘉璐

北京师范大学汉语文化学院院长
全国人大常委会副委员长

序二

文化是人类在历史发展过程中一切活动的总和，涵盖政治、经济、教育、社会、科技、宗教、道德、艺术等多个范畴。我国具有五千年的悠久历史，文化自是博大精深，往往让求知者难以入手。为此，香港大学中文系、香港中华文化促进中心和香港教育工作者联会携手合作，于二零零三年展开"初中中国语文科中华文化教学研究及实验计划"，借此凝聚海内外专家学者的知识和力量，制定初中阶段中国语文科的文化学习大纲，并按照大纲编订学习材料，协助学生打开中华文化的宝库。

一套三册的《中华文化承传》丛书，以轻松活泼的调子，带领同学透过神话故事、民间传说、社会习俗、语言文字、学术思想、宗教人生等二十四个单元，全面而有系统地认识中华文化。单元内每一篇章均经过精心编排，内容深入浅出，知识与趣味并重。更难得的是，这些篇章除了传授文化知识之外，还引发读者的反思和认同，产生教化的作用。

我热切期望同学们都喜欢这套丛书，不但掌握中华文化知识，更借着文化反思，加强对国民身份的认同。

香港特别行政区教育统筹局常任秘书长

文化傳承 弘教樹人

《中華文化承傳》出版題慶

中央人民政府駐香港特別行政區聯絡辦公室教育科技部
二零零五年五月六日

中央人民政府駐香港特別行政区联络办公室
教育科技部部长　初志农先生题辞

「中華文化承傳」出版之慶

薪火相傳

香港中華文化促進中心主席
香港大學副校長
李焯芬敬賀

香港中华文化促进中心主席
香港大学副校长　　李焯芬教授题辞

> 五千年來文化
> 百萬里山河
>
> 文農

香港大学中文系主任单周尧教授题辞

弘揚中國文化

敬賀《中華文化承傳》出版

香港教育工作者聯會會長 楊耀忠

香港教育工作者联会会长杨耀忠先生题辞

前言

一、研究背景

中华文化的承传是全世界炎黄子孙共同关心的课题。文化教学的目标是为了使我们的下一代增进对优秀中华文化的认识、反思和认同，提高批判性思维能力，培养正确的伦理道德观念，加强对国家和民族的归属感，并为进行文化思辨、衡量传统文化对当今世界的意义奠定基础。但文化教学具体应怎样进行？其核心教材应怎样制订？文化教学应如何因应不同学习阶段学生的认知能力而有所侧重？这些问题一直是教育界所关心的，但对此作深入研究的却尚未见。

香港的中国语文教学，一向较为强调语文能力训练而忽视中华文化的承传。直至1990年的课程纲要，始正式要求"培养学生对中国文化的认识"。2000年的"中学中国语文课程指引"及2004年的"小学中国语文课程指引"，将语文学习分为阅读、写作、聆听、说话、文学、中华文化、品德情意、思维及语文自学等九个范畴，中华文化才正式列为语文学习的范畴之一。

目前预科课程设有"中国语文及文化科"，对象是预科的学生，在大学里，对中国文化的研究则主要在学术层面，而初中学生的文化普及仍有很多拓展的空间。中国语文科新课程颁布后，怎样系统地把繁富的中华文化结合"中文教学"、"品德情意"和"从生活中去体现"的教学目标是我们热切关心的课题。然而，综观坊间有关中华文化知识的教材，大部分都以预科学生为对象，针对广大初中程度的学生，并配合新课程纲要的文化读物，尚有待开发。

新的语文教学鼓励学生自学。然而，因为课程要兼顾多个学习范畴，其中以"阅读"、"写作"、"聆听"、"说话"四范畴为主，"中华文化"属配合性质。如何配合？"课程指引"未有清晰的导向，教科书在铺排中华文化学习内容方面存在着一定难度，多家出版社出版的现行初中中国语文课本，其中华文化知识大都采用较为随机的洒点式布局，文化知识点状如断珠散豆，并未建构出一个较为完整的学习系统。因此，制订初中中国语文科中华文化的学习大纲，编订适合初中学生阅读的文化读物，实乃当务之急。

香港大学中文系于2003年获优质教育基金拨款，与香港中华文化促进中心、香港教育工作者联会携手合作，并邀请教育界、文化界和出版界资深人士担任顾问，计划以两年为期，制订初中阶段中国语文科中华文化的学习大纲，然后据此编订合适的中华文化阅读材料，并组织学校进行实验。同时以文化讲座、工作坊、文化常识问答比赛等方式相配合，以期引起全港初中语文教师、学生和社会人士的参与，从活动中推广优秀的中华文化，提高他们学习文化的兴趣，启导深入思考文化问题。

二、制订教学大纲

中华文化的范围非常广阔，小学、初中、高中各阶段学生的生活经验、学习兴趣、知识水平和能力发展亦各异，因此，我们首先制订了一个初中中华文化教学大纲，以作为整体的指导方向。教学大纲是如何制订的呢？由于中华文化源远流长，博大精深，可说是包罗万象，因此，小学、初中、高中各阶段应学习什么内容，就是首先要解决的问题。研究小组背后有一个高质素的顾问团，成员包括文化学、课程学、教育心理学等方面的专家、中学校长及资深教师，来自中国内地、港澳、台湾和新加坡、泰国、印度尼西亚、菲律宾以及欧美等国家和地区。制订大纲之前，研究人员从今天的社会现实出发，先以问卷方式作意见调查，充分考虑学科本身及教师、学生、家长的需求，同时结合顾问委员会的意见，逐步修订、完善，做到以学生为本，以适切性为原则，符合初中阶段的需要，所规定的学习范畴及文化知识点以学生在初中阶段必须掌握的为基准。具体大纲以顾问委员会的意见、教师和学生的回响综合研究，力求其代表性。

研究人员参照中国语文课程大纲及有关文献，选用24个范畴，并据此划分学习单元，略如下表：

神话故事	民间传说	社会习俗	传统节日
河山风貌	名胜古迹	礼仪情操	工艺服饰
饮食文化	康乐文娱	文学作家	名篇佳作
伦理道德	经济贸易	交通传讯	科学技术
艺术欣赏	人文教化	语言文字	修辞语汇
治乱兴衰	历史人物	学术思想	宗教人生

至于各范畴的详细内容，请径参考附录之《中华文化学习大纲》。

三、编写文化读物

《中华文化承传》共分3册，每册8个单元，每单元有8至10篇文章，24个单元共222篇。文化读物的编写原则如下：(一)内容的深浅程度切合初中学生的心智发展水平。(二)文化知识的学习与品德情意的培养相结合。(三)在介绍文化知识的同时，辅以探究性的问题，启导学生进入文化反思和认同的层次。(四)以"知识小品文"的体裁，透过轻松活泼的叙述笔调介绍文化知识。(五)图文并茂，以提高学生的学习兴趣。

本书力求做到趣味性、知识性、文学性、思辨性与现实性兼具。"趣味性"目的是激发学生的学习动机，使学生积极主动地学习；"知识性"用以引导学生了解中华文化，并掌握其菁华；"文学性"是指善用诗词韵文、警语名句贯穿文章，以富有文学色彩的笔墨感染学生，引起共鸣；"思辨性"在于引领学生进行反思，认同中华文化，让传统文化的精神叩开学生的心扉，增强民族自尊和自信；"现实性"则用来拉近学生生活，将"知"与"行"结合起来，在生活中体现优秀的中华文化。

四、进行教学实验

为保证中华文化读物的"科学性"，教学实验是不可或缺的。我们选定十五所中学进行有关的教学实验研究，并定期举办培训班及工作坊，指导参与实验学校的教师掌握文化读物的编写精神、施教方法、评估方式以及如何推展活动等。每个单元的篇章由教师于课堂上进行评估，并由研究人员作统计分析。研究人员并定期用问卷方式，向学生收集意见，再结合专家建议，综合研究，逐步完善学习大纲的建构和读物的编撰，集思广益，精益求精。

文化教材内容的深浅程度拿捏是否准确，以学生的反响最能得出结论。因此，实验的目的也就是为难以确定的文化点找出立项的根据。而这个实验，是建立在一个系统化的评估基础上。评估方法略述如下：

(一) 对教材素质的评估

中华文化教材素质的评估是指对大纲内容和篇章撰写方式等方面的评价。评估的方式以"质性"进行，分阶段性评估和总结性评估。

方式如下：

1. 以学生为本，根据学生的评估成绩、读后感及读书报告等作"质性"的综合分析，以改进教材不足之处。

2. 设计问卷，定期向学生和教师搜集修订的意见；有关意见经综合分析后，再咨询专家，以达致总结性的评估。

（二）对学生学习成效的评估

学生学习成效的评估是以"量性"的研究方式进行的，同样分阶段性评估与总结性评估。分述如下：

1. 学习成效从多次的评估中得出。评估由教师在课堂上进行。教师担当推动和监督的角色。收回的评估试卷交由研究人员批改，并存档以作量性的统计分析。

2. 为确保文化教材的适切性，根据学生的评估成绩统计分析后，逐步进行修订。

五、结语

《中华文化承传》的正式出版，是我们对中华文化研究的一项阶段性成果，期望引起海内外文化教育界先进的注意，进一步就小学至大学每个阶段的文化教学作深入探讨，以促进21世纪中华文化教学的全面实施。

施仲谋　谨识
杜若鸿
二零零七年三月

目 录

序　一　　许嘉璐 /3
序　二　　罗范椒芬 /4
题辞一　　初志农 /5
题辞二　　李焯芬 /6
题辞三　　单周尧 /7
题辞四　　杨耀忠 /8
前　言　　/9

单元一　艺术欣赏

一、文房四宝 /20
二、"书圣"王羲之 /22
三、书如其人 /24
四、白石老人画坛独步 /26
五、名画意趣 /28
六、石窟绘画雕塑 /30
七、园林建筑妙合天然 /32
八、二胡——"中国小提琴" /34
九、国乐风情 /36
十、舞影翩跹 /38

单元二　人文教化

一、有教无类 /42
二、因材施教 /44
三、不耻下问 /46
四、书院讲学风气 /48
五、第一所现代化高等学府 /50
六、察举贤能 /52
七、九品中正制 /54
八、科举取士 /56

单元三　语言文字

一、方言与共同语并存分用 /60
二、官话、国语与普通话因时更化 /62
三、白话取代文言 /64
四、外来词和文言词兼容 /66
五、方块汉字源远流长 /68
六、汉字结构方式灵活 /70
七、汉字形体由繁而简 /72
八、汉字表意耐人寻思 /74

单元四　修辞语汇

一、典故——积储宏富 /78
二、成语——词汇瑰宝 /80
三、俗语——源远流长 /82
四、格言——金玉良言 /84
五、春联——喜气洋洋 /86
六、反语——诙谐幽默 /88
七、谜语——创意思维 /90
八、双关语与歇后语——话中有话 /92

单元五　治乱兴衰

一、中华大家族 /96
二、黄帝始祖 /98
三、大禹治水 /100
四、禅让与世袭 /102
五、仁政与霸政 /104
六、人治与法治 /106
七、名号与避讳 /108
八、皇帝的秘书处 /110
九、地方行省制度 /112
十、借古鉴今 /114

单元六　历史人物

一、统一天下的秦始皇 /118
二、雄才伟略的汉武帝 /120
三、从善如流的唐太宗 /122
四、兼容并包的康熙帝 /124
五、制礼作乐的周公 /126
六、帝王之师——张良 /128
七、鞠躬尽瘁的诸葛亮 /130
八、义薄云天的关云长 /132
九、先忧后乐的范仲淹 /134
十、精忠报国的岳飞 /136

单元七　学术思想

一、百家争鸣／140

二、万世师表／142

三、"亚圣"孟子／144

四、老子的"无为"／146

五、庄子的超然物外／148

六、墨子主张"兼爱""非攻"／150

七、韩非子集法家之大成／152

八、董仲舒的"天人感应"说／154

九、理学集大成者朱熹／156

十、新文化运动／158

单元八　宗教人生

一、天・上帝・自然／162

二、佛陀释迦牟尼／164

三、摒除欲念，离苦得乐／166

四、明心见性，佛理自在／168

五、道・无为・真性／170

六、一枕黄粱，顿悟人生／172

七、行善积德，自然得道／174

八、佛教四大名山／176

九、道教名山话武当／178

十、姑苏城外寒山寺／180

附录一：初中中国语文科中华文化学习大纲／183

附录二：学习评估／193

中华文化承传

单元一

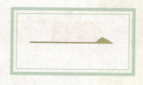

艺术欣赏

一、文房四宝
二、"书圣"王羲之
三、书如其人
四、白石老人画坛独步
五、名画意趣
六、石窟绘画雕塑
七、园林建筑妙合天然
八、二胡——"中国小提琴"
九、国乐风情
十、舞影翩跹

一、文房四宝

想一想

1. 你知道"文房四宝"是指哪四种文具吗?
2. 如果要选出现代的"文房四宝",你会选哪些文具呢?

最佳搭档

常言道:"工欲善其事,必先利其器。"古时候,不论是著书立说、吟诗作对,还是作书绘画,都少不了"笔、墨、纸、砚",它们是文人雅士的最佳搭档,被誉为"文房四宝"。

民间流传不少佳话,道出文人与文房四宝紧密的关系。古书上曾这样记载:"李太白少时,梦所用之笔头上生花,后天才瞻逸,名闻天下。"说的是李白年轻的时候,曾经梦见他所用的笔头上开出了一朵灿烂夺目的花。从此,李白诗才横逸,写出了大量脍炙人口的佳作,后人更称赞他是"诗仙"。今天,我们会以"梦笔生花"形容一个人文思隽逸,卓尔不群。

文房四宝——笔、墨、纸、砚

文房四宝对古代文人来说是很重要的,南宋诗人说道:"以文为业砚为田。"文人以"笔耕砚田"和"笔耕墨耘"比喻自己的创作生涯,就好比农夫在田地上默默耕耘一样,两者密不可分。

宝中之王

中国各地出产的"笔、墨、纸、砚"种类繁多,怎样才算得上是"宝中之王"呢?

"文房四宝",以"笔"居先。毛笔是中国独创的书画工具,其中,出自浙江湖州的"湖笔",自元代起,历经明、清两代直到今天，以其笔锋尖齐、顿笔圆润、运笔劲健等特点，成为"笔中之王"。

中国文人雅士巧妙地运用"墨"的浓淡，宜书宜画，而安徽出产的"徽墨"，以其沾水不湮的特点，得到"落纸如漆，万载存真"的美誉，成为"墨中之王"。

中国是世界上最早掌握造纸技术的国家。纸的种类林林总总，而安徽省宣城所生产的"宣纸"，特点是色泽经久不变，不易被虫蛀或腐蚀，因而有"寿纸千年"的称誉。

砚是一种研墨的工具。在众多的砚台中，广东的端砚以石质细腻、色泽凝重、纹彩典雅的优点而独占鳌头，是"砚中之王"，宋代诗人张九成赋诗称赞道：

> 端溪古砚天下奇，紫花夜半吐虹霓。

中国的文房四宝在其发展过程中，实用性与艺术性逐步结合，既是实用的文具，又是具欣赏价值的艺术珍品，所以古往今来，不少人喜爱收藏玩赏。

文化之宝

"笔、墨、纸、砚"除了是文人的良友外，也是中国文化艺术的宝物，为中华文化写下光辉的一页。

文房四宝用于书画，便产生了中华民族特有的书法和国画。古代文人雅士静坐于书斋中，"妙笔陈而佳纸列，砚池泛而奇墨香。"五彩泼墨，或写下形神各异的书法，或绘出姿态万千的山水，开创中国书画艺术的美妙境界。

文房四宝也是中国文化的优秀结晶。例如古代文人喜欢把铭文或励志嘉言雕刻在砚台上，表明自己的志向、节操和情趣。相传岳飞在砚台上刻下：

> 不曰坚乎，磨而不磷；不曰白乎，涅而不缁。[①]

意思是说：自己犹如砚台般坚硬和洁净，磨也磨不坏，染也染不黑，坚持洁身自爱。

"笔、墨、纸、砚"以其巧妙的组合，卓越的功用，使中国文化艺术得以保存下来。

[①] 语出《论语·阳货》。

二、"书圣"王羲之

1. 你知道为什么王羲之喜欢养"鹅"吗？
2. 怎样才可以成为一个成功的书法家呢？

爱"鹅"之人

王羲之是东晋时代著名的书法家，也是中国书法艺术史上最负盛誉的书法家之一，有"书圣"的称誉。

相传王羲之是个爱"鹅"之人，他喜欢欣赏鹅的一举一动，认为这样不仅可以陶冶情操，而且还能从鹅的体态姿势上领悟到书法执笔、运笔的道理。民间流传着这样的一个故事：

话说有一天，王羲之看见一位道士赶着一群白鹅忽而展翅狂奔，忽而引吭高歌；他看得出神，很想把它们买回家去。于是，他便问道士可否把这群鹅卖给他。原来道士一直渴望能得到王书墨宝，心想："这次可以梦想成真了！我要好好把握良机。"便不露声色地回答："这些鹅是不卖的；不过，这样吧，如果你能给我写一部《道德经》，我就把鹅都送给你吧。"王羲之求"鹅"心切，便欣然答应了道士的要求。

王羲之如此爱鹅，是希望自己执笔像鹅颈一样，俯仰弯转，伸曲自如；运笔又如鹅掌拨水，倾全力于笔端。他从"鹅"的体态姿势，领悟出不少书法的道理。

天下第一行书

王羲之的书法，主要特点是平正自然，笔势委婉含蓄，遒美健秀，有"飘若浮云，矫若惊龙"之誉。其中，《兰亭序》更成为中国书法艺术的经典之作。

《兰亭序》是王羲之在微醺之下，边吟边书的即兴文稿。当

王羲之《兰亭序》

时王羲之兴致极高,恣意挥洒,一气呵成,笔致遒美劲健,秀丽清逸,字字似"天马行空,游行自在"。凡重复的字,各具神态,绝无雷同,如"之"字,有的工整如楷,有的流转似草,百态千姿,令人赏心悦目,后世誉为"天下第一行书"。

可惜,《兰亭序》的真迹早已随唐太宗葬入昭陵,现在见到的种种版本都是临本或摹本。

吃墨馍馍①

常言道:"种瓜得瓜,种豆得豆。"王羲之为了练好书法,总是废寝忘食。据说有一天,家僮端上一盘馍馍①和醋蒜,说道:"老爷,吃饭了!"王羲之只顾练字,没有回应。家僮无奈,只得去请王羲之的妻子郗氏前来相劝。郗氏来到书房,只见王羲之手里拿着一个沾满墨汁的馍馍正往嘴里送,等吃到嘴里,发觉又苦又涩,才吐出来,说道:"为什么味道怪怪的?"郗氏看见,忍不住笑起来,回答说:"因为你吃错了!你把墨汁当成了醋蒜了!"王羲之知道真相后,也不禁哈哈大笑。

今天,不少人的处事态度只有"三分钟热度",遇上困难时,便会放弃自己的理想或目标,结果一事无成。王羲之专心一意、孜孜不倦的学习态度,或许能给我们一点启示。

---

①馍馍:馒头。

三、书如其人

1. 中国书法五种主要书体是什么？
2. 你知道"书如其人"是什么意思吗？

看剑舞，学书法

中国书法，是中国独有的一种线条造型艺术，具有极高的审美价值。如右面的这幅作品，是晚唐草书大家张旭的作品，全篇诡奇多变，笔法奔放，充满浪漫色彩。相传张旭的笔法是从公孙大娘的剑舞中获得灵感的：公孙大娘的剑法千变万化；张旭把剑器幻想成自己手中的笔，将公孙大娘轻重疾徐的动态，融会于书法创作中，形成了"如走龙蛇，奇险万状，急风骤雨，变化无常"的技巧。又据传张旭性格豪放，好杯中物，大醉后往往狂呼奔走，然后回到书斋，提笔落墨，一挥而就，时人称他为"张颠"。

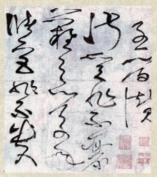

张旭《古诗四贴》

五大书体，各呈异彩

古代书法，书体各异，后人归纳为篆书、隶书、草书、行书和楷书五大类，表现手法非常丰富，同一种书体，也会因人而异，表现出不同的风格，多姿多彩，犹如"百花齐放"，令人目不暇接。例如唐代褚遂良和颜真卿都是以楷书见长，然而二人风格各异，各饶韵味。褚书瘦劲俏丽，笔画较细，后来宋徽宗的"瘦金体"即由此发展而来；而颜体宽博端庄，刚毅沉雄，线条苍劲浑厚。

学好书法有"诀窍"

怎样的书法才可以自成一家，具有个性呢？唐太宗李世民《笔法诀》中曾经这样说道：

> 字以神为精神，神若不和，则字无态度也。

意思是说：一幅成功的书法足以表达书法家的志向、修养和情趣，欣赏者可以随着笔墨的变化而心荡神驰，与书法家产生共鸣。简而言之，就是一个"心"字，书法家要以"心"来创造，才能写出动人的作品。试欣赏宋代苏东坡的《寒食诗帖》：

褚遂良《雁塔圣教序》　颜真卿《麻姑仙坛记》

苏东坡《寒食诗帖》

《寒食诗帖》被后人称为"天下第三行书"，全篇变化多端，率意挥洒，不囿于古人的笔法，这和苏东坡豪放雄迈的个性是分不开的。

苏东坡《寒食诗帖》

或许有人要问：学习书法，有什么诀窍吗？"诀窍"是有的，那就是：要写得一手好书法，除了勤学苦练之外，还必须不断修养自己。书如其人，有一定的涵养，自然会在字里行间流露出来。

随着社会的发展，古代和现代社会的主要书写工具也不相同。古时候，无论是著书立说，还是书信往来，都要依靠纸、笔、墨、砚；因此，很多人都练成一手好书法。可是，随着科技的进步和普及，现代人纷纷采用电脑输入文字，取代人手书写。渐渐地，中国传统书法艺术距离我们的生活便越来越远了。然而，作为独具一格的中国艺术门类，我们是不能只注重实用功能的，应继承和发扬这一优良的传统艺术。

四、白石老人画坛独步

想一想

1. 为什么齐白石被称为"人民艺术家"？
2. 齐白石是怎样向名家学习的？

画虾一绝

齐白石是现代著名画家，享年九十有三(1864—1957年)，世称"白石老人"。

齐白石自幼酷爱绘画，可是家境清贫，要从事挑水、砍柴、种菜、放牧、钓鱼等劳作。他吸取了古代文人画家的表现手法，但笔下的题材却是农村常见的景致、人物、农具、动物、植物等，充满着平民百姓的生活情趣，因而被誉为"人民艺术家"。如《挖耳图》，画一老翁坐于竹椅上掏耳朵，一只眼半闭着，正掏到痒处，神情描绘得惟妙惟肖，尽显画家的幽默风趣。

在众多的大自然生态题材中，齐白石最擅长画虾，透过深浅墨色，将那些在水中游动的小生物，画得活灵活现，堪称国画一绝。

此外，齐白石无论是画虾，还是画蝌蚪、鱼、螃蟹等，它们大都是朝着同一方向游动。这样的安排，可以让观赏者感受到联群而上的生命力。

立意新颖

齐白石的画除了洋溢着田园情趣外，也充满人生智慧，立意新颖，让人拍案叫绝，如《他日相呼》，图中画两只小鸡相持不下，争夺蚯蚓的情态。其精彩之处是作者不写"今日相争"，而言"他日相呼",好比小孩子、同学和朋友之间的吵闹,事情过后,又和睦相处,欢欢喜喜。正如俗语所说:"人生没有永远的敌人。"人与人的相处应该多一点包容和谅解,这样自然活得开心。

此外,齐白石擅于以巧妙的构图,简洁的笔墨,风趣幽默

的画风讽刺人生,令人莞尔。例如:在《人骂我我骂人》这一作品中,透过别致的标题和老者传神的表情,讽刺人们互相指责的言行。虽然画中的老者造型拙朴,含意却极深邃,让人不禁会心一笑。

独树一帜

中国不少画家,如郑板桥、张大千、徐悲鸿、刘海粟等,他们风格各异,但都享誉中外,让人赞不绝口。那么,如何在艺术上独创一格,成为杰出的画家呢?齐白石在谈及画艺时,曾经这样说:

> 我是学习人家,不是模仿人家,学的是笔墨精神,不管外形像不像。

他又说道:

> 不要学习人家的短处,更不要把人家的长处体会错而变成了狂怪,因而就误入了歧途。

齐白石为了改进自己的绘画技巧,曾经向杰出的画家取法。可是,他并不是盲目地模仿,而是打破陈规,将富有生活气息的民间艺术情趣融入传统的中国画中,形成自己的风格,在画坛上独树一帜。

今天的社会,不少青年人都崇拜偶像,模仿他们的一言一行,有时可能会过于盲目或沉迷。齐白石学画的态度多少可以给我们一点启示:欣赏和学习对方的长处,同时以他们的缺点警惕自己,扬长避短,不断改善和进步。

五、名画意趣

1. 中国绘画很注重在画面上留有空白,那是什么原因?
2. 一幅出色的国画蕴含着哪些元素?

水墨意趣

中国绘画简称"国画",可分为"水墨画"和"彩墨画"两大类别。

水墨画是以水和墨绘成的画。以墨色为主要作画元素,是国画的基本特点。国画家在墨中加入不同分量的水,变化出"干、湿、浓、淡、焦"等效果,用以代替各种色彩,风格独特。无论是苍老的树皮,还是坚硬的石块,抑或轻柔的花瓣,通过不同的墨色和用笔的方法,均能准确地表现出来,让人拍案叫绝。

而所谓"彩墨画",就是彩色与墨色并重的绘画。古代画家创作彩墨画时,多先勾勒轮廓,然后敷彩。后来,受到西方绘画的影响,画家多以彩和墨混合描绘。

古往今来,国画家以人物、山水、花鸟、动物等为素材,结合不同的笔法,为国画艺术留下了光彩照人的瑰宝。

空白的联想

中国绘画的表现方法有多重特性,其中一点是强调画中有诗,意在画外,以诗书画的综合表现手法进行创作。如宋代马远的《寒江独钓》,全幅画只有一叶小舟,一个专心垂钓的渔夫,以及舟下的几笔波纹,四

马远《寒江独钓》

周环境清冷得很,使人联想起柳宗元的诗作《江雪》:

> 千山鸟飞绝,万径人踪灭。
> 孤舟蓑笠翁,独钓寒江雪。

一首诗和一幅画,两者本属于不同的艺术门类,可是,中国画家却把它们结合起来,营造"诗中有画"、"画中有诗"的意境,闲淡而悠远。

也许,有人会说《寒江独钓》的构图过于单调。然而,那些空白处正好引发人的无限想象力:为什么江上只有渔翁一人呢?为什么天空没有鸟儿呢?渔翁是自得其乐还是孤独寂寞呢?

中国传统绘画很注重在画面留有空白,这可以说是一种特殊的构图形式。这些空白处并不是了无一物,它可能是浓重的晨雾,可能是苍茫的云海,也可能是流转的河水,通过观赏者的联想,收到更佳的艺术效果。

画乃心印

为什么《寒江独钓》被誉为名画佳作?除了出色的构图和精彩的笔墨外,更重要的是它蕴藏了画家的情感。国画重视"形"、"神"兼备,意思是说,画家在绘画的时候,除了注重事物的外表特征外,更要重视表现事物的内涵,以求进一步表现画家的情感,而《寒江独钓》正表现出画家内心的孤寂。

所谓"逸笔草草,不求形似,聊写胸中之逸气",正好说明国画往往蕴含着画家的品格情操。譬如说,许多国画家都喜欢以梅、兰、菊、竹作为题材,因为这些植物代表了人性的高洁、坚忍、守节、虚心等美德,画家希望透过画作寄寓心志,显现品格。

画中的一事一物,都是画家情感的流露。所以,当我们观赏名家画作时,就不能单看画面了。

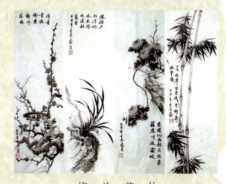

梅、兰、菊、竹

六、石窟绘画雕塑

想一想

1. 你知道"石窟"兴建在什么地方吗?
2. 你认为拯救石窟艺术的最佳方案是什么?

世界最大画廊

所谓石窟,即石窟寺的简称,指的是兴建在岩石、山崖上的佛教寺院,通常由多个相邻的洞窟组成,源于印度。敦煌莫高窟(又名千佛洞,位于甘肃敦煌东南的鸣沙山)、云冈石窟(在山西大同)、龙门石

敦煌莫高窟

窟(在河南洛阳)和麦积山石窟(在甘肃天水),各具特色,素有"中国四大石窟"之称。其中,敦煌莫高窟以斑斓夺目、百态千姿的壁画闻名于世,是"世界现存最大的画廊"。

敦煌壁画以生动的佛经故事吸引了不少人的目光,这些故事的题材非常丰富,表达了不同的主题思想,是莫高窟的艺术精髓。如《九色鹿王本生》采用独特的长卷式连环画,带出不可忘恩负义的道理。

壁画演绎佛经故事,以精妙的构图和简洁的情节引导人们弃恶扬善,皈依佛门。它本是用来烘托石窟内佛像的,却成为石窟艺术的一朵奇葩,为世人赞誉。

东方雕塑馆

如果说敦煌石窟是一大壁画馆的话,那么,麦积山石窟则是一座大雕塑馆了。麦积山石窟现存洞窟194个,泥塑和石刻造像有7000余座,尤以泥塑艺术见长。这里的雕像,大的高达15米多,小的仅20多厘米,神情逼真,姿态自然,被誉为"东方雕塑馆"。

麦积山高142米,山势险峻,难以攀登。可是,古人只是凭着简单的锤子和绳子,徒手在悬崖上开凿了不同的洞窟,并雕塑了各种佛像,它们有些距山基二三十米,有些竟达七八十米,令人啧啧称奇。

哭泣的壁画

中国的石窟艺术,是佛教艺术的瑰宝,也是一个融会社会、风俗、宗教等的雕塑绘画综合艺术体系,见证了中华民族宗教人文的发展。可是,随着文物的开放和旅游业的发展,这颗耀眼的明珠正遭受厄运,黯然失色。

近年来,据说敦煌壁画中原本栩栩如生的人物突然由"微笑"的面孔变成了"苦笑"。这是什么原因呢?原来,因为参观者众多,游客呼出的二氧化碳对千余年的壁画造成了严重的威胁。此外,敦煌石窟也正遭受到积沙、风雨、粉尘的严重侵袭。其他的石窟也面临不同的困境,人们或是在石窟像上任意涂鸦,或是在壁画上随手刻画,甚或盗卖文物,使石窟艺术面临严重的危机。

为了拯救石窟艺术,中国政府正尝试推行各种保护措施。可是,这也不可能全面拯救石窟脱离"苦海",最重要的是依靠大众的省悟和自律,让壁画上一众仙侣重展欢颜。

麦积山石窟佛像雕塑

七、园林建筑妙合天然

想一想

1. 你能说出我国多少个园林的名称？
2. 你喜欢皇家园林还是私家园林？为什么？

移天缩地在君怀

中国园林艺术有着非常悠久的历史。古典造园艺术的显著特色是妙合天然，追求自然山水的清幽淡雅，以及体现自然与人文的关系，在世界园林建筑艺术中独具一格。

古人说："山色湖光共一楼。"意思就是把一个大空间的自然景致都收揽在园林内，让人在一个有限的空间内，感受到无限的自然之美。

中国园林可以分为皇家园林和私家园林，两者都十分注重自然景物的布局。例如清代的皇家园林，规模大，占地广，真山真水，奇花异卉，一一俱备，雍容华贵，形成独特的皇家气派。承德避暑山庄是清代皇家园林中规模最大的一座，更是集中国古代造园艺术之大成，共有72景，可以分为湖泊区、平原区和山峦区，荟萃南北风光，堪称是"移天缩地在君怀"。

虽由人作，宛自天开

皇家园林占地广阔，以真山真水铺设园林。那么，占地不多、空间有限的私家园林，如何才可以把自然景致尽收于眼底呢？原来，古代的造园艺术家擅长运用借景、叠山理水、花木配置等手法，

皇家园林——北海公园一角

孕育出诗情画意的深远境界，形成"虽由人作，宛自天开"的艺术风格。

所谓"借景"，是指"借"未有之景以"扩"景，扩大园林的空间感。例如无锡寄畅园的建筑就采用了借景的手法，造园艺术家运用巧妙的建筑设计，从园内探见龙光塔，风景似在园内，实在园外，突破了园林自身空间的局限。

一景一物总关情

中国园林艺术能名扬中外，除了精致的布局外，更重要的是融入了造园艺术家的情意，达到情景交融的境界。

我们可以透过园林的名称、匾额、楹联等，领略造园者的情感。如苏州"拙政园"的主人是王献臣，他进士出身，官至御史，因不满权奸当道，辞官还乡，建筑此园，园名取自"灌园鬻蔬，此亦拙者之为政也"之意，侧面表达对仕途的洞察，以及对朝廷未能任用贤能的嘲讽。

又如上海的"豫园"是取自"豫悦老亲"之意。据说"豫园"的主人素有贤孝之名，花了18年时间建造此园，就是为了取悦年老的双亲。

中国园林的一山一水、一花一木，都是造园艺术家的精心设计，往往寓有深意，可谓"一景一物总关情"。当我们游览园林的时候，试试用心感受造园者的情意，当会对园林艺术有更深刻的了解。

苏州拙政园一角

八、二胡——"中国小提琴"

1. 为什么中国许多乐器的名称都有一个"胡"字？
2. 二胡为什么会获得"中国小提琴"的称号？

胡琴"家族"各展风采

中国乐器种类繁多，如笛子、琵琶、古筝、胡琴等，各具特色，共同谱出辉煌的中国音乐史。其中，胡琴是一个"大家族"，成员众多，如二胡、中胡、板胡、革胡、高胡、京胡等。你知道为什么它们的名字都有"胡"字吗？

原来，古代中原人氏往往概称北方和西北方少数民族为"胡族"，因而对由胡族传入的事物多冠以"胡"字。据说胡琴是源自北方少数民族奚人，宋代文人欧阳修曾经说道：

奚琴本出奚人乐，奚人弹之双泪落。

胡琴本名"奚琴"，这种乐器弹奏起来，曲调哀怨动人，渐渐流行于中原地区。后来，经过不断的改良和创新，"奚琴"变化出不同的形体，形成了一个大家族。

其实，只要细心观察，就可以发现各种胡琴的外形和构造大致相同：所有的胡琴都有一根直立修长的琴杆，琴杆

京胡　　革胡　　高胡　　板胡　　二胡

上端装有弦轴，下端有一个琴筒，上有千斤，绕在琴弦和琴杆上，用绑有马尾的琴弓拉奏。

在音色方面，各种胡琴具有自己独特的风格，有的浑厚低沉，有的柔和细腻，有的高亢清亮，在乐团中各展风采，构成富有民族色彩的乐音。

二胡跻身世界乐坛

在胡琴家族中，二胡是最为人熟悉的成员，又名南胡、嗡子、胡胡等。二胡既能演奏细腻柔美、深沉抒情的乐曲，也能表现热烈欢乐、激越奔放的感情；既可以独奏，也适合于伴奏或合奏。

说到二胡的革新，不能不提二胡演奏家、作曲家刘天华先生了。他吸收了西方乐器小提琴的某些技法，创作出《空山鸟语》、《光明行》、《良宵》、《病中吟》等二胡独奏曲，开创一代新风，使一向被视为"不登大雅之堂"的二胡，踏上世界音乐舞台，以其浓厚的民族特色，发出耀眼的光芒，被誉为"中国小提琴"。

刘天华

《二泉映月》幽怨悠扬

二胡乐曲中，由民间音乐家华彦钧（又名阿炳）创作和演奏的《二泉映月》，最擅胜场，有人更称赞说："这是世界上最美的音乐。"

阿炳自幼因生活坎坷，双目失明，到处流浪，以卖艺为生，这首乐曲表现了他饱尝人间辛酸和痛苦的心境。全曲从一段小小的"引子"开始，以带有叙述意味的旋律引入"主题"，像是倾诉作者无限悲伤的思绪。而主题的音调作了多番变化演进，从"安静"到"悲愤"，又由"悲愤"转入"深思"，表现了一种柔中带刚、几许悲凉的感情。后来，人们还把《二泉映月》以不同的演奏形式再现出来，让它那幽怨悠扬的音调，回荡于中国和国际的乐坛上。

九、国乐风情

1. 你喜欢流行音乐还是古典音乐？为什么？
2. "弦外之音"指的是什么意思？

高山流水

《高山流水》是中国最著名的一个音乐故事：

春秋战国时期，俞伯牙是一个擅长弹琴的人。他琴艺高绝，常以琴言志，以琴传情，可惜曲高和寡。

一天，伯牙乘船游览山水时，遇上大雨，他只好将船泊在山边

伯牙弹奏《高山流水》

避雨，并抚琴解闷。不久，伯牙感觉到外面有人在听他弹琴。他出外一看，果然见到头戴斗笠、身披蓑衣的钟子期。

伯牙很高兴，就为子期弹奏一曲，其意在"高山"，子期赞叹说："多么壮美的音调，就像巍峨的泰山！"伯牙另奏一曲，其意在"流水"，琴音才落，子期赞美道："多么美妙的旋律，犹如浩瀚的江河！"伯牙惊喜不已，庆幸自己觅得知音，二人言谈甚欢，更相约日后再会。

可是，过了不久，子期不幸病逝，伯牙悲痛欲绝，心想："世上再没有人懂得我的音乐了。"说着，就把琴狠狠地朝地上摔去，从此不再弹奏。

民歌处处

中国音乐内容丰富多彩，变化万千。其中，最具地方风格特色的要算是民歌了。所谓民歌，是人们根据各自的生活感受而随口编唱的民间歌曲，曲调简明精练、生动灵活，旋律流畅，充满乡土气息。各地区的山歌，或对歌互答，或一唱众和，形式多样，唱词简朴直率，生动地展现出一幅幅民情风俗画。

山歌中，以爱情题材为最多。如广西彝族情歌：

芝麻杆杆节节表，唱句山歌表真心；
真心实意两相爱，白头到老不离分。

这首歌的唱词语言淳朴，情意真切。中国优美的民歌多不胜数，如《茉莉花》、《月光光》、《康定情歌》、《凤阳花鼓》、《青春舞曲》等等，都为人所"喜闻乐唱"。

弦外之音

在音乐世界里，人们运用歌词、拍子、旋律、节奏的变化，谱出不同的音乐，抒发情感。古语云："凡音之起，由人心生也。"音乐是由内心的变化而产生的，它表现了人的内心世界。

中国人很重视音乐的弦外之音，强调乐声之外的精神境界。陶渊明说："但识琴中趣，何劳弦上音？"欧阳修也说："琴声虽可状，琴意谁可听？"

因此，我们在欣赏音乐的时候，除了要注意旋律之美、曲调之妙，也要留意乐曲的"弦外之音"，感受音乐所抒发的情感。

五线谱

十、舞影翩跹

1. 为什么说舞蹈是一种肢体语言？
2. 你喜欢跳舞吗？为什么？

手舞足蹈

你知道在什么情况下，古人才会"手舞足蹈"吗？让我们从出土文物的图案中，寻找个中原因：

图一

图二

图三

首先，是出于对自然的崇拜——先民的生活无不与大自然有关，自然而然地希望得到大自然的保护。如图一中有两个动物的外形，这可能是古人对动物的崇拜而产生的歌舞。其次，古人也会利用歌舞祭祖祀神，表达对祖先神明的敬意。根据考古学家的考证，图二是一幅男女共舞图，描绘的是为悼念祖先或亲人而起舞的场面。此外，古人是依靠农耕和畜牧维持生活的，当他们获得丰收时，也会用歌舞庆祝，就如图三一样，人们手拉着手载歌载舞，歌声绕梁，舞影翩跹。

民族风情

不同民族、不同地域、不同舞姿都具有不同的性格和色调。然而，舞蹈家都有一个共同的目标，就是运用肢体的舞动，表达喜、怒、哀、乐的情感。闻一多先生曾经这样说："舞是生命情调最直接、最实质、最强烈、最尖锐、最单纯而又最充足的表现。"中国不同的民族，在生产劳作、岁时节令、婚丧喜庆、信仰崇拜等活动中，都会以千变万化的舞姿助兴，增强气氛。

《狮舞》就是中国民间普遍流行的一种风俗舞，多见于新年或喜庆日子，为祈福纳吉而舞。例如广东的舞狮有一种表演叫"采青"：民众竖起一根长竹竿，高悬一个红封包和一棵青菜，舞狮的人会运用不同的方式，攀上竿顶，让狮子张开大口，把红封包和青菜摘下，寓意财运亨通，如意吉祥。

中西合璧

各国的舞蹈各具特色，要在世界舞台上发出耀眼的光芒，谈何容易！当代中国舞蹈家吸收了西方的舞蹈艺术养分，创作出别树一帜的中国芭蕾舞，《红色娘子军》可以说是一部成功的大型中国芭蕾舞剧。舞蹈家采用富有民族色彩的故事、服装、背景等，在芭蕾舞台上塑造了英姿飒爽的"穿足尖鞋"的中国娘子军形象，将中西舞蹈艺术融会贯通，成就一阕出色的舞曲。

当代的中国舞蹈家大都具有勇于创新的精神，为各种传统舞姿注入不同的元素，编排出新颖的舞蹈，让观众有眼前一亮的感觉。

中华文化的传承

单元二

人文教化

一、有教无类
二、因材施教
三、不耻下问
四、书院讲学风气
五、第一所现代化高等学府
六、察举贤能
七、九品中正制
八、科举取士

一、有教无类

想一想

1. 孔子以什么原则选择学生？
2. 为什么说孔子是我国开创平民教育的第一人？

开创平民教育

孔子讲学

在孔子以前，只有官学，但官学收生的条件，主要考虑学生的背景，只有官职在大夫以上的官员子弟才可入学，平民子弟根本没有机会读书。这就是把教育对象分类，然后决定只收某类，排斥某类，虽然"有教"，但也"有类"。

春秋末期，孔子突破了"学在官府"的限制，设立私人学校，开门招生，不论贫富贵贱，子弟都可报读，而且学费也很低廉，据说每人只收10条肉干。孔子可说是我国开创平民教育的第一人，他不把应受教育的对象分类，平民子弟只要想求学，他都愿意教。因为他相信人人都有善良的本性，只要加以适当的启发，每个学生都可走上正途。他的一个重要教学原则就是"有教无类"。

兼教不弃

孔子所收的学生，除了南宫敬叔和司马牛出身于名门外，其余大多出身贫贱。子路性情粗犷，喜欢逞勇斗力，头戴雄鸡式的帽子，佩带着公猪皮装饰的剑，简直像个流氓；原宪终身住在空荡荡的草屋之中，穿着粗布衣服，连饭都吃不饱，非常穷困；曾参曾做过小官，赚到足以养亲的酬劳，就已感到很满足；颜渊居住在陋巷，每餐一碗饭，一碗水，死后收殓的棺木只有内层的棺，而无外层的椁。孔子并没有因为他们的家境不好而嫌弃。

孔子的学生年纪不同，气质各异。年纪最大的是子路，只小孔子9岁。而子张小孔子48岁，假设他18岁跟从孔子，则那时孔子已是66岁的高龄了。孔子没有年龄歧视，不论老少都愿意收为学生。有些学生擅于从政，孔子便教他们政治知识，如子路、冉有、子贡等。有些学生擅长文学，不喜欢做官，孔子便教他们如何为人师表，如子游、曾参等。孔子明白每个学生的气质不同，不必强求一致，他愿意教导每一个学生，这就是"有教无类"。

人性本善

孔子有教无类的做法是建基于一个理念，即人的本性都是善良的。人的气质各有不同，但人的本性却相同，都是善良的。中国人一直有两种理解人性的传统，一种是以人的气质作为人性，一种是以人的良心作为人性。以气质作为人性的看法认为有些人气质较好，可以教导，有些人气质较差，不能变好，教也没用。孔子不这样理解，他认为人的本性都是善良的，这是人人一样的本性，每个人只要被适当地加以启发和教导，都会成为好人。所以孔子不会放弃任何一个学生，无论出身怎样低下，也一样愿意教导他们。

杏坛——相传为孔子聚徒讲学的地方

二、因材施教

1. 为什么孔子对不同学生提出的相同问题没有划一的答案？
2. 为什么"因材施教"的方法能取得上佳的教学效果？

相同问题，不同答案

以下是一则孔子答学生问的故事：

冉求问孔子说："听到应该做的事情就要马上行动吗？"孔子回答说："立刻行动。"子路也问孔子说："听到应做的事就应该行动吗？"孔子回答说："父亲兄长还在世，怎么可以一听到就马上行动呢？"学生子华对这件事感到很迷惑，便问孔子："恕我大胆，请问夫子，为什么同样的问题而答案却不一样呢？"孔子回答说："冉求做事畏缩多虑，所以我要激励他；子路做事有过人的胆量，所以我要抑制他。"

以下是又一则孔子答学生问的故事：

司马牛问孔子什么叫"仁"。孔子回答说："说话要谨慎缓慢，不多口，才可称一个人为仁者。"司马牛不明白，再问："说话缓慢就是仁者吗？"孔子说："做事已这么难，说话又怎可以掉以轻心呢？"司马牛性格急躁，说话多而不谨慎，所以孔子针对他的性格弱点，要他说话慢一点，多思考，小心谨慎，做到这点便是仁者了。孔子教导他不可轻视说话的影响力，说话的影响力并不比一般工作小，必须谨慎从事。

樊迟也向孔子问"仁"。孔子说："仁者是先要经历艰难，才能有所获得，这就是仁了。"这次孔子的回答又不同，因为他是针对樊迟做事怕困难的缺点而答的，所以以经历艰难作为"仁"的解释。

活的学问，做人的学问

为什么相同的问题，孔子会有不同的答案呢？因为孔子要教给学生的学问，不是一套死的学问，而是一套活的学问，做人的学问。这套学问在不同的人、不同的环境、不同的情况下也会有不同的内容，所以孔子教导学生时，灵活针对各人的特点，作出不同的教导。这样的教学方法就是"因材施教"了，孔子为千百年来的人师做了一个很好的示范。

目标统一，方法灵活

在我国教育史上，孔子是第一个主张"因材施教"的教育家。他承认学生个性的差异和程度的高低，主张在统一的培养目标之下，应注意因材施教："中人以上，可以语上也；中人以下，不可以语上也。"意思是说，对于中等以上水平的人，可以跟他讲高深的学问；对中等以下水平的人，则不可以讲高深的内容。平时，孔子非常注意观察，了解每个学生的爱好、个性和程度，熟记在心。在教学中，他一方面根据学生程度的高低和接受能力的大小，进行不同的指导；另一方面，孔子还经常针对学生的不同缺点，对症下药地进行教育。这样，便能发挥每个学生的特长，取得最佳的教学效果。

孔子回答学生提问的情景

三、不耻下问

1. "三人行,必有我师"是什么意思?
2. 什么是"终身学习"?试说说你的理解。

孔圉为什么谥号"文"

《论语·公冶长》里有这样一则故事:

春秋时代,卫国大夫孔圉虚心好学,很有学问。孔圉死后,卫国国君便赐给他一个谥号叫"文"。当时孔子的学生子贡,不知道这个谥号的由来,便去问孔子:"孔圉的谥号为什么叫做'文'呢?"孔子笑了笑才回答他说:"敏而好学,不耻下问,是以谓之'文'也。"意思是,他聪明好学,不认为向地位比自己低、学识不如自己的人请教是一种羞耻的事,所以给他的谥号叫"文"。

后来人们便引"不耻下问"来表示谦虚好学,诚恳向别人请教。

知之为知之,不知为不知

孔子是伟大的教育家,他为人师表,教导别人当然没有问题,但他自己的学习态度又是怎样的呢?让我们看看下面的事例。

孔子说:"有些人天生就什么都懂,是上等人;有些人透过学习然后知道,是次等人;有些人遇见困难才学习,又次一等;有些人遇见困难也不学习,是最下等的了。"孔子又说:"我不是天生就什么都懂的人,而是爱好前人的文化,勤奋敏捷去求知识的人。"

孔子的先世是管礼仪的官,所以孔子自小就学习礼仪,并且以通晓礼仪闻名于世。但孔子到了周公庙,还事事都向人请教,以一个通礼专家而问礼,因而遭到旁人的讥笑:"谁说叔梁纥的

孔子向老子问礼

儿子懂得礼,他入到太庙还是要每事必问。"孔子答:"不懂得就要问,这正是礼。"

孔子曾对子路说:"子路,我告诉你什么叫'知'吧!知道就是知道,不知道就是不知道,这就是'知'。"孔子好像没有讲什么,只是重语复句,其实他想说人的学问是有限的,总有不知道的知识,承认自己的无知才是真正的有知识。虽然聪明如孔子,懂礼如孔子,也还是要问。据说孔子曾经向老子问礼,至今传为佳话。

三人行,必有我师

孔子还说:"三个人走在一起,其中必定有我的学习对象:我选取那些优点来学习,看到那些缺点就改正。"这句话表明,在所交往的人之中,总有自己正面学习的榜样,也有反面教材。

卫国大夫公孙朝问孔子的学生子贡:"仲尼先生的知识是从何处学习来的?"子贡答:"为什么一定要有师承呢?哪里都可以学习,没有固定的老师。"

我们现在说"终身学习",用孔子的话就是"发愤忘食,乐以忘忧,不知老之将至",也就是"活到老,学到老"。

不论哪个时代,孔子这种精神都值得我们学习。这种精神就叫"不耻下问"。

四、书院讲学风气

想一想

1. 著名的东林书院为什么会被毁掉？
2. 你认为作为一个学生，是只顾读书呢，还是也要关心国家大事？

讲学东林，大义凛然

风声雨声读书声声声入耳
家事国事天下事事事关心

东林书院依庸堂中的对联

这副对联直接抒写了读书人关心国家大事的胸襟，数百年来一直激励着志士仁人奋斗不息。这是明代顾宪成为江苏无锡东林书院的题联。顾宪成于明末复修东林书院，虽然书院只存在了短短21年，却曾轰动一时，在当时社会激起了巨大反响。

东林书院原为北宋理学家杨时（龟山先生）所创建；顾宪成、高攀龙等8位学者在这个先贤遗址修复东林书院，聚众讲学，被称为"东林八君子"。他们不尚空谈，关心国事，议论朝政，指陈时弊，批评当时专权的太监魏忠贤，公开上疏揭露魏忠贤的罪行。魏忠贤于是下令拆除东林书院，还公布了309人的《东林党人榜》，对东林党人赶尽杀绝，高攀龙等人或被下狱拷打致死，或被迫自尽。但东林书院所代表的一股正气，不屈于恶势力的节操，却成为后世读书人的精神财富。

六大书院,备受称誉

东林书院继承了宋代书院讲学的优良教育传统。北宋有所谓四大书院,即白鹿洞书院、岳麓书院、应天书院、嵩阳书院,再加上南宋的石鼓书院和茅山书院,合称宋代六大书院,十分著名,备受称誉。这些书

东林书院

院多数是私立的,院长称为山长或洞主,大多是当时的著名学者。他们负责选定教材,制订院规并讲学。学生不单学习经学和技艺,还学习做人的道理,院长、讲师言教而兼身教,强调修身养性,躬行实践,弘扬儒家精神。

明大义、重气节

古代的太学是官学,由朝廷兴办,目的是为朝廷培养人才,而学生也多以求取功名为目标。私人书院讲学,则以明大义、重气节相标榜,而不以功名利禄为追求的目标。书院的师生往往对朝政多所批评,对权奸加以指责,于是书院的言论对当权者形成一股舆论压力,在社会上有一定的影响。这是知识分子的责任,也是知识分子的骨气。

作为今天的学生,我们有没有继承中国传统知识分子这股正气、这种精神呢?我们有没有关心政事,关心社会,关心国家呢?现代人的读书风气是追求实用。读书一定要有用,但怎样才算有用呢?我们常常以为读书为的就是找到一份称心的工作,有一个美好的前程,就好像以前有些读书人读书就只是想做官,想得到功名利禄一样。但这真的是一个读书人唯一的目标吗?让我们反思一下东林书院那副对联,看看传统知识分子那种气节,那种精神,是不是应该由我们来继承?

五、第一所现代化高等学府

想一想

1. 你知道北京大学的前身叫什么名称吗?
2. "北大精神"是什么?

京师大学堂——"百日维新"独幸存

你知道图中的人物是谁吗?他就是五四时期的北京大学校长蔡元培先生。蔡元培任北大校长时所提倡的办学主张,不但影响了北大,还影响了近百年来整个中国学术思想界的发展。要知道传统的北大精神,这就要由京师大学堂说起了。

清末光绪年间,康有为、梁启超等有识之士,发起维新运动(1895—1898年)。康、梁二人认为培养人才是当前急务,以前的学校已不能适应时代需要,培养不出真正有用的人才。他们明白,

蔡元培

西方国家富强不只是因为船坚炮利,还因为他们广设学校培育人才。在1898年戊戌变法的高潮中,他们提出设立具现代化意义的大学——京师大学堂,这就是北京大学的前身。慈禧太后发动戊戌政变,扼杀"百日维新"(1898年6月11日至9月21日),新政几乎全部被废,唯独大学堂却侥幸得以保留。

京师大学堂模仿西方大学章程,宗旨是"中学为体,西学为用"。分科设教,希望培养出新时代的人才。到1912年,即辛亥革命成功的第二年,京师大学堂正式改名为北京大学。在民国初年的新文化运动期间,北大成为整个运动的核心,在历史上写下辉煌的一页。

"北大精神"——光照近现代史

1917年，蔡元培被委任为校长，以"兼容并包、思想自由"为办学方针。在这个方针之下，北大出现了百家争鸣的局面，成为中西、新旧学派汇流的学术重镇。当时的北大，人才辈出，几乎尽揽一时的学术文化精英：陈独秀、李大钊、胡适、鲁迅、钱玄同、刘半农、辜鸿铭、马寅初、冯友兰、傅斯年、罗家伦等，都是学术界的知名人物。五四新文化运动便是以北大为中心而展开的。

北京大学

北大师生继承和发扬了传统中国读书人热爱国家、关心社会的高尚精神。民国初年新文化运动兴起，北大师生便积极参与。首先，在上海创办《青年杂志》的陈独秀，应蔡元培的邀请，出任北大文科学长；《青年杂志》编辑部移到北京，并改名《新青年》，联同当时北大教授李大钊、鲁迅和胡适等人，提出了反对专制和迷信、确立"德先生"（民主）和"赛先生"（科学）的运动方向，对现代中国政治社会的影响非常巨大。1919年，北大学生傅斯年、罗家伦等人所发起的五四爱国示威大游行，以"外争国权，内除国贼"为口号，亦开启了近现代中国青年学生关心国事，走上街头，向政治权威挑战的先河。

光前裕后——开拓学术新境界

由京师大学堂的诞生到现在，已经过了一百多年。蔡元培先生倡导的"兼容并包、思想自由"的办学方针，以及他开创的学术研究和学派争鸣的革新风气，仍然是我们向往的精神，民主和科学仍然是我们要继续追求的目标，关心国事仍然是知识分子的责任。我们这一代的青少年学生应该将"北大精神"发扬光大，继续为中国学术文化思想开拓新的境界。

六、察举贤能

1．"陈雷胶漆"是什么意思？
2．你认为任用人才时德行和能力哪方面更重要？

陈雷之交

东汉的陈重，自小与同郡的雷义是朋友，他们一起学习诗书，一起成长。当时任官的制度是由地方官员把有德行的人举荐给中央，叫做察举。由西汉武帝起，每年要地方官员向朝廷举荐孝子、廉吏各一人，先任郎①，再授以官职。东汉时，就合孝、廉②为一项。郡太守张云知陈重贤德，便举陈重为孝廉，但陈重要让给雷义，前后上书推辞十多次，张云不听，举陈重为官。第二年，雷义也被推举为孝廉，两人同在郎署实习，都被任命为尚书郎。后来雷义代同僚受罪，被罢黜，陈重也称病辞职回乡。回到家乡后，雷义又被举为茂才③。当时，察举制是每年州举茂才，郡举孝廉。但这次轮到他，他坚决要让给陈重，州刺史不听，

相互礼让

---

①郎：帝王侍从官的通称。始设于战国，秦汉时沿置。当时，郎官的职责为护卫陪从，预备顾问，可量其才能补授其他官职。
②孝廉：即孝子、廉吏的合称。孝，指善于侍奉父母者；廉，指清廉有德望者。
③茂才：即才识优秀者。原称"秀才"，东汉时因避光武帝刘秀名讳，故改称"茂才"。

雷义就装疯，披头散发地逃走，不回应刺史的推荐。乡里因此有谚语盛赞两人："胶漆自谓坚，不如雷与陈。"后来就用"陈雷胶漆"来形容友谊真挚，交情牢固。

乡举里选

由以上举的例子可见，汉代的选任官员制度和今天很不相同。原来汉高祖因为感到缺乏人才，于是下诏求贤。汉文帝时，下诏要求举荐贤良方正及能言极谏的人，并亲自策试。到汉武帝时，接受董仲舒的提议，正式全面推行察举制。汉代施行察举制度，使得平民百姓也有做官的机会，打破了汉初中央及地方各级官吏由功臣及其后裔垄断的局面，有划时代的意义。但更重要的是，选择人才时，以德行及才学为标准，选出大批贤良人才做官，改变了以往只凭军功及家世为标准的做法，重视一个人的德行，对改良一个时代的风气有很大作用。察举制以"乡举里选"为依归，促使读书人更重视品格，形成汉代敦厚儒雅的士风。

不过，由于察举制是一种推荐方式，必须由地方官吏负责推举，但推荐的标准并不明确，容易产生流弊。当时郡太守往往借此举荐亲属，舞弊丛生，以致出现了"举秀才，不知书；察孝廉，父别居"的现象，因而被后来的九品中正制所取代。

重德精神

其实，任何一种制度本身都难免有缺陷，而在实施过程中，如果执行再有偏差，其缺陷就会进一步暴露，出现弊病。察举制推行后期，固然产生了很大流弊，但察举制的优点还是值得重视的，那就是重视德行的精神。

在现代，不少雇主在选择人才时，以办事能力和领导才能作为主要标准，对于品德和作风并不太注重。你认为以人的德行作为选择人才的标准，是不是已经不合时宜？一个人如果有才无德，你认为可取吗？

七、九品中正制

1. 九品中正制的"九品"是指哪九品？
2. 你认为品评人物时应该根据什么标准？

月旦人物

三国时，诸葛瑾与胞弟诸葛亮、堂弟诸葛诞都有声望，他们分别在吴、蜀、魏任职。当时的人都认为蜀国得到了诸葛氏家族的一条龙，吴国得到了一头虎，魏国则不过得到了一只狗而已。诸葛亮在蜀国，举足轻重，名声最大；诸葛瑾在吴国，吴国的人都佩服他有宽大的胸怀；诸葛诞在魏国，则无大建树，较为沉寂。

这是《世说新语》记载有关品评诸葛三兄弟的故事。九品中正制就是由这种品评人物的风气逐渐形成的。文章把诸葛三兄弟品评为龙、虎、狗，可见魏晋时喜欢品评人物的风气，对知名人物加以比较，然后按才能评级。这种风气其实来自汉末的知识分子，他们每月聚会，批评当政人物，称为"月旦"①。后来风气渐盛，成为一股品评人物的潮流，而且品评的标准渐渐由人物的德行转变为人物的能力。

人才分三等九品

汉代选拔人才的方式主要是察举制。及至东汉末年，除了察举制本身产生流弊外，加上时势混乱，士人流徙不定，乡举里选的办法实在无从施行。当时，曹操主张用人唯才，他选才不再以

---

①月旦：本义是月朔，即每月初一；品评人物称"月旦"，用的是转化义。《后汉书·许劭传》载：许劭与他的堂兄许靖皆有名望，喜欢品评乡里人物；而每月都改变一次对该人物的品题，当地俗称为"月旦评"。

德行为标准,而以才能为标准,把人才分为九品,随品录用;但他却还没有建立一套完整的选士制度。到了曹丕当皇帝时,依照吏部尚书陈群的建议,实行九品官人之法,亦即"九品中正制"。

九品中正制就是在每州设大中正官,每郡设小中正官。中正官负责为当地人才评定等第高下,分为上、中、下三等九品,呈报中央,供政府选拔官吏时参考。三等九品是:

等级	品第		
上	上上	上中	上下
中	中上	中中	中下
下	下上	下中	下下

上品无寒门,下品无世族

中国的选士制度发展到九品中正制,代表了文化精神方向的一大转变。由先秦到两汉,中国人都是以道德人格为最重要的价值,非常重视人的道德品行,就算是选拔人才做官,也是以道德人格为标准。但到了魏晋南北朝时期,儒家精神受到质疑,相对地说,道德人格比较不受重视,实干的才能才是重要的标准。君主要求的人才,要具有在乱世辅助他巩固权位的能力,而不是道德人格。

这种制度原本是以人的才能为评定标准的,最初并没有把人的家世背景列为选拔的条件,有利于国家选贤任能;但后来因为中正官多为士族出身,于是评定人才等级品第的时候多有偏颇,"雌黄出其唇吻,朱紫由其月旦"[①],以致出现了"上品无寒门,下品无世族"的流弊。到隋文帝时就将这个制度废除了,取而代之的便是科举考试制度。

[①] 语出南朝刘峻《广绝交论》。

八、科举取士

想一想

1. 你知道什么叫"三元及第"吗?
2. 科举制和"士人政府"有什么关系?

朝为田舍郎,暮登天子堂

据说唐代有一个少年,名叫王播,自小便是孤儿,家境贫困,曾客居在扬州惠昭寺木兰院读书,每天僧人打钟吃饭,他便跟着一起吃。时间一长,僧人也讨厌他,于是提早吃饭,到王播听到钟声来吃时,大家都已吃完了。后来王播科举及第,做了高官,出镇扬州,重

朝为田舍郎　　暮登天子堂

访旧地,看到旧日自己题在壁上的诗都已用碧纱罩护起来,一时感慨,就又题了一首诗:"上堂已了各西东,惭愧阇黎(即僧人)饭后钟。二十年来尘扑面,如今始得碧纱笼。"

科举制度的确立,就是为了打破魏晋以来九品中正制下高门大族垄断仕途的风气,使平民百姓可以"学而优则仕"。所谓"朝为田舍郎,暮登天子堂",朝廷可以把平民百姓中有才能的人吸纳进来。

"士人政府"大为发展

科举取士是我国隋唐以来直至清朝末年选拔官吏的主要途径,对于每一朝代的士风起着根本性的影响。这种制度采用分科考试的形式,应试者不论身世背景,富贵贫贱,一律有资格参加,

而以文章才学决定其中试与否。结果，广开入仕之途，读书人做官的机会大大增加。

隋朝建立后，隋文帝废除了九品中正制，在地方设立州、县学，诏令原有的秀才、明经两科，可由州县学校的生徒到京师考试，择优录用，也可由诸州把人才举送中央，考录授官。炀帝时又增设进士科，以词赋文采取士，科举制度由是产生。到了唐代，科举制正式确立，每年秋后进行一次考试，科目很多，而以进士科最受重视。

宋代是科举发展趋向成熟的时代，政府官员大都是科举出身。其中对两宋士风有一定影响而见诸经传的，就有数百人，单就宋仁宗在位前后数十年间，出类拔萃的人物就有近百人，其中较著名的如政治改革家兼文学家范仲淹、王安石，文坛领袖欧阳修，古文大家苏轼，史学家司马光，科学家兼文学家沈括等。史家称之为"文星灿烂"，实非过誉。汉武帝时期开始建立的"士人政府"，至此发展至极致。

考试程序严谨，科举学校合流

明代的科举制度，在唐宋的基础上，臻于完美；而清代的科举，大致因袭明制。明清科举考试的最显著特色，是考试程序极为严谨，考生必须经过四级递考：

一、童试——各府、县的童生，由县、府、各省学政进行甄选考试，合格者称生员，俗称秀才，可参加乡试。

二、乡试——在各省省城举行，由朝廷派员或各省长官主考；考中者称举人，第一名称解元，可参加会试。

三、会试——在京师举行，由礼部主持，中式者称贡士，第一名称会元，可参加殿试。

四、殿试——在殿廷举行，由皇帝亲自主持，评定等第，分三甲取录：一甲三名，依次称状元、榜眼、探花；二、三甲称进士，名额根据需要而定。

各级考试，层层递进，互相关联，程式固定。而四级递考中的"童试"，完全与府、县学校的入学试、甄选试合而为一。学校育才以应科举，科举取士源自学校。此等"学校—科举"的育才选才模式，在当时是世界上最为先进的。

中华文化承传

单

元

三

语言文字

一、方言与共同语并存分用
二、官话、国语与普通话因时更化
三、白话取代文言
四、外来词和文言词兼容
五、方块汉字源远流长
六、汉字结构方式灵活
七、汉字形体由繁而简
八、汉字表意耐人寻思

一、方言与共同语并存分用

想一想

1. 粤语可以作为汉民族的共同语吗？为什么？
2. 如果让你选择一种全国通用的语言，你会选哪一种？

方言妨碍沟通

中国幅员广阔，各地区有自己的方言土话，不同地区的人，相互之间不一定都能听懂，甚至完全听不懂。

据说有位香港人在上海一家发廊理发，理发师给他剪了发，接着对他说"打打头"。他不明白，心想：怎么了？我的头可以让你随便打吗？便问："为什么要打我的头？"理发师说："理发都要打头的。"往下没法再谈了，理发师好心好意要给这位先生打头，而这位先生死活不让打。如果话语能通就好了。原来上海话"打头"即"洗头"，用不着害怕头给人家"打"了。

另有几位香港人到成都自由行，住在锦江饭店。他们出去游览了一天，回来时忘了锦江饭店在哪个方向哪条街。问谁谁都不

语言不同，容易造成交流障碍

懂他们说什么。普通话是说"Jinjiang"饭店，香港人说成"Gangang"饭店，无怪乎当地人听不懂。后来，他们用写字的方法，找出租车回到锦江饭店。幸好双方都认得汉字，才解决了问题。

共同语有基础

怎样才能做到各方言区的人话语相通呢？上海人都学习广东话，广东人都学习上海话，行不行？很明显，不可能以学习方言来解决话语交际问题，只能让各地人共同学习全国通行最广的话语作为交际工具；而这种通行最广的话语事实上已经长期存在于中国社会生活中了，那就是普通话。

中国使用普通话的人口约占总人口的70%，地域则占全国总面积约25%。在这个范围内无论男女老幼，不管有文化没文化，一概讲北方方言。这么广阔的地区包括东北三省、河北、河南、山东、山西、安徽，而西南方向有四川、云南、贵州，西北方向则有陕西、甘肃以及内蒙古等。

方言不会消失

试想想：假如不同方言区的人见了面，都要靠写字才能明白对方意思，岂不费时误事？试想想：语言作为沟通的工具，如果各地区都用自己的方言土话，国家在推行各项政策和措施时会受到什么影响？

宪法规定："国家推广全国通行的普通话"。全国使用普通话，已正式列入国家语言文字法律条文之内。公务员的任命、教师资格的审定、各服务行业人员的录用等，都要求达到普通话水平测试的一定等级。可见普通话在一般正式场合，正被广泛使用；至于家庭、朋友间的交际和方言文学艺术等范畴，方言的地位仍然是难以取代的。

方言和共同语实际上并非彼此"水火不容"的。共同语是语言发展到一定阶段的产物，方言则是一定区域内人们交际的工具，只不过它的使用范围远不及共同语。随着共同语的普遍通用，方言的使用范围可能会逐渐缩小，但却不会完全消失。

二、官话、国语与普通话因时更化

1. 官话的"官"有什么特别意思？
2. 你认为"国语"和"普通话"哪一个名称比较好？

从"官话"到"国语"

我国早已有"官话"这个名词。这个名词是怎么来的呢？它可能跟官员有关。这不是望文生义，而是有历史依据的。自元朝以来，北京一直是我国的政治、经济及文化中心，京城的官员使用的是以北京话为基础的北方方言。各地来往的商旅，入境随俗，也自然而然使用北方方言；不然生意怎么做，交道怎么打？从京城派往全国各地的官员不会讲当地的方言，他们办理公务，与当地人交际往来，都得用从京城学来的北方话。行政的力量使得当地人要跟官员交涉，都得使用北方话，或找人把当地话转成北方话。

南方方言区的知识分子考上举人、进士，也要会讲北方话，因为他可能被派往京城或全国各地去当官。清代针对广东、福建两省的学子，特别设立"正音书院"，教学官话；而且规定举人、贡生、监生、生员、童生不谙官话者不准送试。然而，各方言区的人学说北方话，当然会夹杂着南腔北调，这种官话被嘲笑为"蓝青官话"；但是"蓝青官话"只要能起到交际作用，也比一点不会讲北方话强。

辛亥革命后，民国政府把北方话定为"国语"，当年曾大力推广"国语"，及于民间，尤其是学校教育。

"国语"改称"普通话"

然而，我国是多民族国家，有56个民族，其中汉族人数虽然最多，但蒙古族、回族、满族、藏族等各族人数也不少，把汉族通用的北方话称为国语，会给兄弟民族以大汉族主义的感受。因此，中华人民共和国建立后，"国语"改称为"普通话"，并明确规定以北京语音为标准音，以北方话为基础方言，以典范的现代白话文著作为语法规范。普通话是现代汉民族的共同语。国语这个名称，目前在台湾地区仍然使用。

推广普通话

半个多世纪以来，随着内地教育的日渐普及，辅以行政的措施，普通话得到大力的推广，且卓有成效。

香港九七回归前，社会上普遍使用广州话，公务以及特殊社交场合使用英语。回归以来，随着中国加入世界贸易组织协定和内地与香港更紧密的经贸合作协议的签订，面对13亿人口的庞大市场和无限商机，香港与内地的关系更加密切。往后将不断有大量内地游客来港旅游购物，香港的服务业人员如果不懂普通话，在经营业务上必定会有困难。北上求学的学生和北上发展的商人与日俱增，不懂普通话行吗？

时下的香港，学习普通话的热潮可谓方兴未艾，而中小学亦早已开设普通话课。学好普通话，是大家的切身需要；大家应好好装备自己，迎接未来的机遇和挑战。

学好普通话

三、白话取代文言

1. "我手写我口"的真正含义是什么？
2. 你知道"八不主义"是谁提出的吗？

时代潮流

民国初年，即1910至1920年，先进的知识分子，以陈独秀、胡适为代表，在思想文化领域开展了一场新文化运动。其间，提倡新文学，主张用白话代替文言写作，为新文化运动的重要一环。据说胡适在北京大学任教时，常常盛赞白话文的优点。有一次，当胡适正在对白话文大加称赞时，有一位学生突然站起来，问道："胡教授，难道白话文就没有缺点吗？"胡适肯定地回答说："没有。"那位学生却说："不，白话文废话太多，打电报用字多，花钱多。"胡适回答说："我不认同。不久前，有位朋友邀请我去政府部门工作。后来，我决定不去，就回电拒绝了。那么，同学们根据我这个意思，用文言文写一个回电，看看用白话文省字还是文言文省字，好吗？"同学们听了，就开始动笔。

胡适

不一会儿，同学们都写好了。胡适就挑了一份用文言写成的电报，内容是这样的："才疏学浅，恐难胜任，不堪从命。"意思是说学问不深，恐怕不能胜任这份工作。胡适说："很好，只用了十二个字。可是，我用白话写成的电报却只有五个字，那就是'干不了，谢谢！'"

胡适解释说："'干不了'就是才疏学浅、恐难胜任的意思；'谢谢'两个字，一方面感谢朋友的介绍，一方面又有婉拒的意思。其实，同学们，废话多不多，并不是看它是文言文还是白话文，最重要的是注意用词，词能达意。"

为什么胡适会如此推崇白话文呢？他曾经这样说：

时代变得太快了,新的事物太多了,新的知识太复杂了,新的思想太广博了,那种简单的古文体,无论怎样变化,终不能应付这个时代的要求。

胡适主张"我手写我口",用接近口语的当代语言写文章,不应模仿古人写文言文。

言文一致

新文化运动期间,即1917年,胡适与陈独秀先后在《新青年》杂志发表文章,提出文学改良的建议,主张"言文一致":在形式方面,不用文言,采用白话;在内容方面,反映现实社会人生,表现当代人的思想感情。胡适明确地提出"八不主义":

1. 不做言之无物的文字	2. 不模仿古人
3. 不做不合文法的文字	4. 不作无病之呻吟
5. 不用套语滥调	6. 不用典
7. 不讲对仗	8. 不避俗字俗语

胡适与陈独秀的主张,很快就得到其他学者的响应,如鲁迅、俞平伯、朱自清、郭沫若等。结果,用白话文写作的各种体裁的新文学作品,包括诗歌、散文、小说、戏剧,如雨后春笋,不断涌现。

保存国粹

白话文起初只用于通俗的文学作品,如章回小说等。后来,在胡适和陈独秀等人的提倡下,白话文才渐渐在社会上得到普遍应用。今天,白话文已经成为主要的书面语言。

因为文言文用词古雅,又多使用典故和对仗,这对现代人的阅读往往造成一定程度的障碍;可是,我们绝不能忽视文言文的价值。中国古代的经史典籍,以及许多杰出的文学作品,如《诗经》、《楚辞》、《史记》、唐宋诗词等,都是以文言写成的,因此,今天我们虽不再提倡用文言写诗作文,但还是要具备阅读文言文的能力。这样才能够更好地继承中华文化遗产,保存国粹,弘扬中华文化。

四、外来词和文言词兼容

想一想

1. "赛因斯"是哪一个汉语名词的外来词译音？
2. 我们生活在现代，为什么有时还要使用文言词？

吸收外来词

你知道什么是外来词吗？请先看一看下面的词语：

电话——德律风
扩音器——麦克风
民主——德谟克拉西（德先生）
科学——赛因斯（赛先生）

从外国或外来文化吸收进来的词语，叫"外来词"，也叫"借词"。香港人对外来词并不陌生，街上的"士多"，亲友间的"派对"，社团举办的"嘉年华"，水果摊上的"车厘子"等，都是外来词。把外来词稍加分类，大致可分成音译、意译和音译兼意译三大类型。

一、音译：这是最常见最大量的外来词，所译的外语词多属本国原先没有的事物。音译并非语音照搬，而是要根据汉语的语音、语法、词汇特点加以改造。如白兰地（brandy）、模特儿（model）等。翻译外国的人名、地名主要靠音译。香港人在处理外国人名翻译时似乎标准不一，翻译一般外国人的名字较随便，而为历任港督取译名时却很注意"汉化"，如杨慕琦、葛量洪、戴麟趾、卫奕信、彭定康等。

二、意译：这一类外来词，跟音译不同，脱离了读音的关系，而是根据词语的意义把它翻译过来，另造一个汉语词汇表达，如电话、扩音器便属于意译的外来词。

三、音译兼意译：这一类外来词较少见，因为"音"和"义"

很难兼顾；但是出色的翻译家也能办到，例如镭射、引擎、绷带、浪漫、幽默、俱乐部、维他命、乌托邦等等。音义兼顾对引入外来词起了很大的助力。

沿用文言词

说起文言词，大家可能觉得神秘古奥，高深莫测，如果把文言词理解成《康熙字典》中的冷僻字，例如"奭"、"黻"、"婥"等，那可真够深奥，难学难懂了。我们说的文言词不是指这些冷僻的、在现代生活中已不用的词语，而是能被吸收到共同语中的有表现力的古汉语词汇，例如我们常说的"在此之前"，其中的"之"字就是古汉语的虚词。古汉语的虚词有几百个，其中的一部分现代还沿用着，例如"是"、"然"、"而"、"以"、"乃"、"何"等等。

不少成语也保存着文言词，例如"一息尚存"的"息"（指呼吸），"尔虞我诈"的"尔"、"虞"，"固若金汤"的"若"、"金"（指金属）、"汤"（指开水或很热的水），再如"沆瀣一气"的"沆瀣"（指夜间的水气、露水），"觥筹交错"的"觥"、"筹"、"错"等都是文言词，我们今天用这些成语时，也自然而然地就用上了其中的文言词。

事实上，许多文言词已成为现代汉语中常用的词汇，因而我们不觉得那是文言词。使用文言词不是为了堆砌辞藻，因此要注意不可弄成文白夹杂的文风。

随着时代的进步，汉语文也在不断地变化，既保留了部分古汉语的特色，也在不断吸收外来语，造出新词，以适应时代的需求。这正体现了汉语兼容性强的鲜明特色。

五、方块汉字源远流长

1. 你知道汉字是谁发明的吗？
2. 汉字有多少种字体？你最喜欢哪一种？

甲骨文之发现

迄今为止，已发现并能被解读的最古老汉字是甲骨文。发现甲骨文是19世纪末的事。在1899年以前，不论一般人或文字学家，都不知道中国历史上有过甲骨文。

说起甲骨文的发现，还有一段故事呢。话说有一味中药叫做"龙骨"，是远古时代脊椎动物的骨骼和牙齿的化石，中药店以低价论斤收购。清末河南省安阳县小屯村农民在耕种时，挖出一堆又一堆上面刻着字的龟甲与兽骨的化石，把它当做"龙骨"卖给中药店。在一个偶然的机会，当时著名的金石学家王懿荣见到了这样的"龙骨"，凭着他深湛的文字素养，判定在龟甲兽骨上的字是古代汉字，于是以每片二两银子的高价收购。这种文字刻在龟甲兽骨上，所以称为甲骨文。甲骨文出土的安阳小屯村是商王朝自盘庚到纣王的国都殷的遗址，怪不得那里发掘出大量的甲骨文。

仓颉造字传奇

甲骨文是有完整系统的古汉字，它的发现引起了世界各国的重视。专家认为，在甲骨文之前应该有更古老的汉字。传说中华民族始祖黄帝的史官仓颉创造了汉字。古书上记载，仓颉天生四只眼睛，能窥测天地间奥秘。仓颉所造的字是什么样子，谁也不知道；但从这一传说中可以推测，在甲骨文之前应该有更古老的汉字。汉字的出现，必然大大推动汉民族文化的发展，因此古人传说：仓颉造字时老天爷撒下大量谷物表示祝贺，而敌视人类的鬼魅则哀戚地躲在阴暗的角落里哭泣。

当然，一个人创造出大批文字给全社会使用，是不可思议的事——汉字绝不是仓颉一个人闭门造车一手创造的。文字是在社会交际中由千千万万人创造并使用的；个人只能在文字出现之后，加以收集、归纳和整理。如果我国历史上真有仓颉其人，他的功劳大概只会是整理汉字而非创造汉字。

楷书成为"法帖"

甲骨文　金文　篆书　隶书　草书　楷书

从甲骨文发展到今天的汉字，源远流长，中间经历金文、篆书、隶书、草书、楷书等阶段。试看以上各图文，它们在形体上有什么不同？

上面的例字表明，篆书以前的汉字，象形意味较重，笔画多呈弧形。甲骨文是用刀刻的，其笔法方笔居多，圆笔较少，笔画较细；金文是铸或刻在金属器皿上的，笔画较粗，结构趋向方正。尽管金文与甲骨文笔画有粗细之别，但整体看来仍然带有图画痕迹。篆书可分为大篆与小篆。小篆是由大篆演变而来的，其特点是笔画匀圆整齐，结构简单统一。它是秦始皇用来统一全国文字的形体。汉字发展到楷书，象形的意味才大大减少，笔画横平竖直，完全摆脱了图画的约束。其间，隶书起了承前启后的作用。秦始皇用小篆统一全国文字前后，民间亦流行着隶书。它的特点是笔画由曲变直，由圆变方，结构工整，带有棱角。从隶书开始，汉字渐渐被定形化了，成了四平八稳像豆腐块似的汉字。

汉代使用隶书，草书也开始出现。草书笔画相连，不易辨认。到三国时，魏国人在隶书的基础上改进字形和笔画，形成楷书。"楷"者，楷模法式也。楷书的特点是字体端正，笔画清楚平直。后代人把楷书字帖称为法帖，缘由在此。

因为易写之故，凡是学习汉字书写，几乎都从楷书入手。可以说，楷书是汉字字体中最通俗的一种，最容易看得明白，因此人人喜见乐用。

六、汉字结构方式灵活

1. 你见过测字吗？测字是怎么回事？
2. 你知道"春牛图"三个字分别为哪种结构吗？

测字怪趣

汉代有个叫蔡茂的官员，一天夜里做梦，看见宫殿屋梁上有禾穗；他跳起来将禾穗拿到手，可是一忽儿又丢失了。醒来心里纳闷儿，便问主簿郭贺，郭贺安慰他说："你得了禾，又失去，这预兆你将升官；禾加失是秩，你跳了起来，就表示会越级进秩（升官）。"这便是利用汉字的左右结构来测字。汉字的各种结构常被利用来测字。

测字，又称拆字，是把汉字的结构或笔画分拆或合并，并作出解说以预测吉凶，这当然是迷信，但很有趣。

合体字与独体字

大家再听一段对话：

"先生贵姓？"
"小姓Zhang。"
"是弓长张还是立早章？"
"立早章，也就是文章的章。"

这段对话涉及汉字的两种结构，"张"字是左右结构，"章"字是上下结构；此外，还有内外结构和零结构。四种结构分述于下：

（1）左右结构的汉字最多，如：郑、政、治、理、财、经、验、收等。左右结构还有一个类型，即复合型，例如"锄"字左边是金，右边是助，而"助"字左边是且，右边是力。

（2）上下结构的字也很多，如：态、势、花、朵、费、吉、鲁、雷等。

(3) 内外结构的字较少，如：国、间、匚、匍、甸等。

(4) 零结构的字也有一定的数量，例如：生、了、力、久、九、八、七、山、水、尺、鸟等。

零结构的字，不能再拆开，称为"独体字"；而左右、上下、内外结构的字，可分拆成两个或两个以上的独体字，称为"合体字"。总体而言，汉字以合体字居多。

造字法及用字法

象形、指事、会意、形声、转注、假借，称为"六书"。这是古代文字学家对汉字构造的分类，很有价值。其中象形、指事、会意、形声是造字法，直接涉及汉字的构造；转注、假借是用字法，不涉及汉字的结构问题。这里简略地谈谈前四种：

象形字就是按照实物的大致轮廓描成的字，例如"山"、"水"等。然而，今天的楷书已看不出象形字的模样，可以说是象形字不"象形"了。

指事字就是象形字加入某种符号，例如"本"、"末"等。在"木"字的下部加一小横，构成"本"字，原义指树根；在"木"字的上部加一小横，构成"末"字，原义指树梢。

会意字，如"益"、"信"等。会意字的读音与构成的部件无关，例如"益"字，不读成"水"，也不读成"皿"；"信"字不读成"人"，也不读成"言"。其含义则由两个部件融会而成，"益"字原义为溢，字形表示水满于器皿而流出；"信"字原义是真实，意思说华丽的语言不真实，真实的语言不华丽。

形声字也是由两个以上的字构成的，其中一半表音，一半表义。表义的称义符或意符，表音的称声符。例如"湖"、"海"等字，左边的"水"是义符，表示水势浩大；右边"胡"、"每"是声符，表音。但我们要注意，形声字的声符不一定都能准确地表音，在上例中，"胡"可表示"湖"的音，"每"却不能表示"海"的音。如果误以为声符都可表音，就会成了俗话所说的"念半边字"。汉字90%以上是形声字。

汉字结构方式灵活，不同的构字法，产生了繁富的字形，反映中国文字丰富的内涵。

象形字

七、汉字形体由繁而简

1. 文字作为一种信号系统，是否应该一成不变？
2. 你认为香港应否推行简化字？

约定俗成，变化有则

大家一定都见过街上的交通信号灯，红的表示不可通行，绿的表示可以通行。文字其实也是诉诸视觉的一种信号，是社会约定俗成的复杂信号系统，能表示各种意义。信号系统不能乱变，乱变就使人莫名其妙，无所适从。但是它也绝非亘古不变的，而是可以根据约定俗成的原则加以调整变动的，明显的事例莫如拼音文字中的缩写和方块汉字中的简化。

简化汉字，古已有之

英语使用拼音文字，为了使用便捷，某些长串的词语可加以缩写，例如ICAC是"香港廉政专员公署"的缩写，IBM是"美国国际商业机器公司"的缩写。汉语使用方块汉字，无从提取字母来缩写，但可以用简称，例如"特别行政区"可以简称为"特区"，"奥林匹克运动会"简称"奥运会"，"世界博览会"简称"世博会"等。但汉字比拼音文字还多了一种提高书写效率的办法，那就是减少汉字的笔画，把笔画多的常用汉字改变为笔画较少的，这种办法叫做简化，例如"蠶"简化为"蚕"，"鳥"简化为"鸟"，后者通称为"简化字"。

简化字产生于民间，古已有之，历代字典韵书收录了不少简化字，可为明证。传说唐代四川才子李群玉有一副拆字格对联：

鸿是江边鸟
蚕为天下虫

鸿是江边鸟，蚕为天下虫

假如"蠶"字在当年不是简化为"蚕",这副对联的下联便没有依据了。尽管简化字古已有之,但从前称之为俗字,是难登大雅之堂的,政府文书公告、经典书籍以及科举考试等,一律不准使用俗字。一旦科举考试试卷上用了俗字,不管文章好坏都会名落孙山。

利多弊少,广泛应用

有少数简体字以一代多,造成文字不易识别。请先看看下列的对应字:

復 複—复　乾 幹—干　獲 穫—获

一经变化为简化字,"復"习或重"複"都用"复"字,"乾"净或"幹"事都用"干"字,"獲"得或收"穫"都用"获"字。

由于简化字已经在民间通用,总体来看,是利多弊少,有广泛的群众基础;所以我国国务院在20世纪的50年代便成立了文字改革委员会,集合语言文字专家及各方面有关人才,制订简化字表,分批在全国推行。简化字比相应的繁体字省去不少笔画,所以深受人们的欢迎。下列的繁体字简化后省去了一半甚至三分之二笔画:

靈—灵　體—体　認—认　識—识（省去三分之二笔画）
風—风　錢—钱　發—发　點—点（省去大约一半笔画）

国务院文字改革委员会在1964年颁布了简化字总表,把推广及使用简化字作为官方的语言文字政策。40多年来,简化字已深入到内地社会生活的各个领域,整整两代到三代人,从教科书、报章书刊、公私文牍等,学到或接触到简化字。由于他们从小就用简化字识字写字,因而大大提高了阅读与书写的效率。在国外,新加坡早已通令全国使用简化汉字,联合国规定正式的汉语文本也必须使用简化字。

简化字已植根于社会文化生活之中,使用简化字在内地已是不可逆转的了。港、澳、台将来如何,目前尚难预料,但起码应当认识、了解。我们每天要接触大量内地出版的报刊和参考读物,与内地商贸往来的书信文件也都使用简化字;如果一点也不认识简化字,是会很吃亏的。

八、汉字表意耐人寻思

想一想

1. 汉字的字形和拼音文字有什么不同?
2. 浓、侬、哝、脓、秾等字跟农业生产有关吗?为什么?

以"贝"为偏旁的字与财贸有关

　　文字是语言的载体,也是文化的结晶。汉字和社会文化生活,究竟有什么关系呢?这是一个十分值得玩味的课题。让我们看看下面的例子。

　　我们常把珍贵的事物叫宝贝。"贝",即贝壳。在今天,到海边去捡,遍地都是,有什么可珍贵的?可是在商周时代,贝壳是货币,可购物,可赏赐,可显示财富。《诗经》中有句诗:"既见君子,锡(赐)我百朋"。古代5个贝壳一串,两串为朋,百朋即1 000枚贝壳,是一笔可观的赏赐,难怪诗人高兴地把它写进诗篇。在当时,贝壳是可以买到马、牛、羊乃至房舍的货币,自然值得珍贵。汉字中以"贝"为部首的字都与财富或交易有关,例如:

文字	意义
财贿资赈贫贪赕	指财富
赏赐贷赇贡赠赂	表示以财物予人
贬贸赎购贾贵贱	表示交易及价钱高低

　　春秋战国以后,贝币逐渐被钱币(铜币)代替;而以贝为部首的汉字及其所表达的意义,却千古不易。这些汉字可以说是上古时代货币制度的"化石"。

从"辰"字推知商代农具是石器

　　汉字有一个特点是任何拼音文字所不具备的,这个特点就是它的表意体系。说通俗点,就是它有一系列偏旁部首作为表示意义的符号。汉字的偏旁部首不仅与汉字的发展源流直接相关,而且为研究古代名物提供了很有用的资料。下面举个例子说明这一点。文字学家郭沫若先生，在20世纪20年代曾从甲骨文中的"辰"字、"农"字推断

表意是汉字的特色之一

出殷商时代的农具是石器；后来考古发掘出商代大量的石器农具，证实了郭沫若的论证和推断是符合历史事实的。为什么郭先生能够做出这样的推断呢？关键在于古汉字字形能够反映古代名物，而郭先生透过对甲骨文的研究，判定甲骨文的"辰"字从石，是一种石器；而农字则由"辰"字构成，也从石。据此可推知当时的农业生产工具是石制的。

从古汉字的形体推测古代社会文化生活的方方面面，是一条途径，现在让我们再多观察两组汉字：

（一）宰、妾、僕（仆）：这几个字在甲骨文中都带有"辛"字。"辛"是行刑的刀，引申指有罪。"宰"是罪人拘为家奴；"妾"是有罪妇女拘为家婢，晚上侍寝；"僕"在甲骨文中的字形是用刀纹面的奴隶，手持簸箕劳作。

（二）臣、民、奚：这几个字是象形字或会意字。"臣"的字形是竖目，人俯首则目竖，指不许在主人面前抬头的奴隶；"民"是刺瞎左眼的奴隶；"奚"是绳子绑着的战俘或奴隶。在上古，这批字所指的都是失去自由的人，都可释为奴隶。

取火熟食孳生烹调方式

汉字和社会文化生活的关系当然不止于此，社会文化生活的发展亦促使汉字滋生，例如我们的先民懂得取火之后，摆脱了茹毛饮血而进入熟食的阶段，免除了许多因生食生饮而带来的疾病，这是人类生活史上的一件大事。熟食引发了各种烹调方式，于是便滋生出"烘、燔、烤、炮、炙、蒸、煎、熬、煮"等许多字来。文字记载了社会生活的经验，留传后世，推动了文化的发展。

中华文化承传

单元四

修辞语汇

一、典故——积储宏富
二、成语——词汇瑰宝
三、俗语——源远流长
四、格言——金玉良言
五、春联——喜气洋洋
六、反语——诙谐幽默
七、谜语——创意思维
八、双关语与歇后语
　　——话中有话

一、典故——积储宏富

1. 你写文章时喜欢使用典故吗？
2. 你听说过"狡兔三窟"这个历史故事吗？

"典"出有方

战国时，齐国的相国孟尝君，非常喜欢结交和延揽人才。这些人中，有一个名叫冯谖。有一次，孟尝君派冯谖替他到薛这地方收债。但是冯谖却没有向当地百姓要债，反而将债契全部烧了。薛地人民都以为这是孟尝君的意思，心中充满感激之情，一起颂扬孟尝君的恩德。冯谖回来后，孟尝君问他收回了债没有，冯谖回答道："我见您什么都不缺少，只缺了个'义'字；所以把债契都烧了，而把'义'买了回来。"

孟尝君受到人民夹道欢迎的情景

大约一年后，孟尝君被罢免相国的职位，回到薛地去，受到薛地人民夹道欢迎。孟尝君才知道冯谖为他买的"义"字有多宝贵，心中非常感激。但冯谖对孟尝君说："聪明的兔子通常都有三个洞穴，才能在紧急的时候逃过猎人的追捕，而免除一死。现在您只不过有一个藏身之处，还不能高枕无忧啊！"

在冯谖的策划下，孟尝君终于得到齐王的重用。冯谖又劝告孟尝君向齐王提出希望能够拥有齐国先王祭器的要求，放在薛地，并建造庙宇加以供奉，这样的话，齐王会派兵来加以保护，确保薛地的安全。齐王最终也答应了。祠庙建好后，冯谖把这些比喻为"狡兔三窟"。他对孟尝君说:"现在属于你的安身之地都已经建造好了,以后可以高枕无忧了。"

以上所引用的历史故事,就是"狡兔三窟"的典故。

避免滥用

要应用典故必须读古典名著,必须了解历史;不然,不懂出处本义,又如何引用?在古代,文人说话写文章喜欢用典故。当然,如果过分用"典"而又驾驭不好,文章就会变得艰涩,难读难懂。前人曾讥讽滥用典故的文章是"饾饤獭祭"。所

博览群书是理解典故的方法之一

谓"饾饤",指供陈设的食品;所谓"獭祭",指水獭捕到鱼后,不是马上吃掉,而是一条一条排列着。"饾饤獭祭"比喻文章里排列许多典故而无益事理的阐明与叙述。到五四新文化运动时期,白话文兴起,胡适先生撰文明确反对用典故,这是进步的主张。但是矫枉无须过正,不必因噎废食;说话写文章一点也不用"典",在我们这个文化积储宏富的国度里,那是不可能的。

贵乎恰切

引用典故不是高不可攀的事,你对现实生活中某个问题有看法,联想到某个历史故事或古书上某句名言,引用它来说明问题,这就是用"典"。适当地用"典",用得恰到好处,能增加文章的生动性与说服力。譬如说,吴三桂是明末镇守山海关的将领,他在李自成攻入北京后,因爱妾陈圆圆落入李自成部将手中,"冲冠一怒为红颜",竟引清兵入关;这个历史故事是大家所熟悉的,不是僻典,引用它嘲讽"引狼入室"的行为是很恰当的。写文章时适当地采用典故,可避免平铺直叙,从而使文章更有内涵,更具可读性。当然,大前提还是要多读书,才能充分掌握典故的具体内容,而不致于张冠李戴,令人啼笑皆非。

二、成语——词汇瑰宝

想一想

1. 成语一般有多少字？
2. 成语有什么特色呢？

由来有自

春秋时代，有一个叫做西施的美女，她有闭月羞花的美貌，远近闻名。她一抬手、一转身都显得婀娜多姿，一颦一笑都非常妩媚动人。有一天，西施因患心痛的病而皱着眉头，恰好被一个名叫东施的丑女看到了。东施觉得西施这个样子娇弱动人，便也学着她的样子，捂着胸口、皱着眉头走在街上。可是，凡是看到东施的人都远远地避开她，因为她皱着眉头的样子更显出了她的丑陋，不堪入目。

上面的故事就是成语"东施效颦"的具体内容，人们常用它来形容那些只懂得在表面上去仿效别人，结果弄巧成拙的愚蠢举动。

成语一般由四个音节构成，它的实际内涵丰富，具有形象性、生动性和概括性等特点，表现力特强，所以深为人们喜爱。成语的来源主要有四方面：历史故事、古代寓言、古代诗文和俗语。

东施效颦

正确解读

有的成语流传了一两千年,其中保存了古代的字义,我们如果用现代字义去解释,那就会闹出大笑话。如有人把成语"尾大不掉"胡乱地解释为尾巴大了就不会掉下来,原因在于不明白"掉"字在古代常解做"摇摆"。"尾大不掉"是指尾巴太大,摇摆不了,常用于比喻部属势力强大,不听指挥。又如"卧薪尝胆",来自春秋末年越王勾践发愤图强、报仇雪耻的故事;"东山再起",来自东晋时谢安隐居东山、后又出任宰相的故事;再如"暗渡陈仓",来自韩信欺诈敌方、暗中领兵从汉中绕道出陈仓进据咸阳的故事。如果单从字面去理解,是很难全面掌握成语的丰富意义的。

"尾大不掉"比喻部属势力强大,不听指挥

"卧薪尝胆"比喻能吃苦,能屈能伸

善于运用

正确理解成语的含义是正确运用成语的前提。我们一方面要弄清成语中个别字的意义,一方面要弄清成语的整体含义,例如"水落石出",不能仅仅照字面理解,而应理解其比喻义是指事情的真相显露出来了。此外,更应该注意成语的褒贬义,例如"同仇敌忾"是褒义,"同流合污"是贬义。

成语是汉语词汇中的瑰宝,我们要珍视它,好好地学习怎样正确而巧妙地运用,以增强我们的语言表现力。在文章中如能善用成语,就好像画龙点睛,定能使文章生色不少。

三、俗语——源远流长

1. "人心不足蛇吞象"是什么意思呢?
2. 将俗语运用在文学创作中,能起到什么作用?

社会通用

在香港,有时候我们会听到别人这样说:"因为我犯下错误,所以被老板炖冬菇。"意思是说在工作上被贬、降级或失去权力。那么,究竟"炖冬菇"与"降级"有什么关系呢?

据说早年香港军装警察的军帽是用竹片编织而

冬菇

成的,形状就像一枚冬菇。如果警察表现出色,获得上司的赏识,就会调任成为便衣警察。可是,如果任职便衣警察期间犯下错误,便会"下调"再任军装警察,又要戴上那顶貌似冬菇的军帽了。当时,人们称这种降级现象为"炖冬菇"。后来,"炖冬菇"渐渐流行于其他社会阶层,变成社会上通用的俗语了。

生活结晶

所谓俗语,是指通俗并广泛流行的话语,大多数是由群众口头创造出来的,言简意赅,反映人民的生活经验和愿望。俗语具有源远流长的历史,它们或是口传,或是透过文献记载而世代流传。

古往今来,不少作家在创作时都喜欢运用俗语,例如:

> 得失荣枯总是闲，机关用尽也徒然，
> 人心不足蛇吞象，世事到头螳捕蝉。
> ——《金瓶梅》
>
> 只是这句话，人心隔肚皮，旁人怎猜得透。
> ——《儿女英雄传》
>
> 俗语儿说的，人怕出名猪怕壮，况且又是个虚名儿，终久还不知怎么样呢。
> ——《红楼梦》

"人心不足蛇吞象"、"人心隔肚皮"和"人怕出名猪怕壮"，都是家喻户晓的俗语。适当地运用俗语，可以增加语言的表现力，增强作品的生动性和趣味性，使人物形象更富有个性特色，同时也更能够真实地反映现实生活。

富有哲理

俗语的口语化、通俗化特点十分明显，大部分俗语几乎都是妇孺皆知的。这些通俗的语言，蕴涵了人民的生活智慧，富有哲理。

很多俗语，从字面便可看出它们的实际意义。例如"人比人，比死人"，意思是说每个人的情况各不相同，如果事事与别人比较，只会自寻烦恼，苦了自己；又如"先使用未来钱"，是说用度超支，入不敷出；再如"未学行，先学走（跑）"，是形容人心浮气躁，急于求成，而忽略基础功夫。

有些俗语，是要经过细心的思考才能够明白个中意义的。例如"人怕出名猪怕壮"，意思是说人出了名，便会招来灾祸，就像猪肥壮便给人屠宰一样。又如"死牛一边颈"，字面意思是指牛死了，颈部便侧向一边不动，人们以此形容那些不知变通、性格固执倔强的人。

总之，只要我们能够弄清俗语的意义，并且运用得宜，文章就会变得生动活泼、幽默隽永了。

未学行先学走

四、格言——金玉良言

1. 格言有什么作用？
2. 你知道"宽则得众"是什么意思吗？

言简意赅

格言，具有言简意赅的特点，短短一句话，可以洞见人生哲理，勉励人们如何立身处世。

古时候，有不少格言要求人们言行一致，表里如一。例如：

不精不诚，不能动人。
——《庄子》

与朋友交，言而有信。
——《论语》

失信不立。
——《左传》

一诺千金。
——《史记》

这些格言都要求人与人之间的交往言而有信，诚实无欺，以诚信作为处世的原则。

古人确是很重视诚信的。据说有一天，曾子的妻子到街上去，儿子哭着要跟着去。曾妻便对儿子说："如果你不哭，我回家后就杀猪给你吃，好吗？"儿子听到有猪肉吃，就不再哭了。过了一会，曾妻从街上回来后，曾子便准备工具杀猪。曾妻看见后，就立刻阻止说："我只是哄孩子，怎么能当真呢？"曾子却说："你不可以这样子的，孩子年幼无知，会学习和模仿父母的言行。今天，我们不杀猪，就是欺骗他，也就是教他欺骗别人。母亲欺骗孩子，孩子以后就不会相信母亲的话了。"于是，曾子便把猪杀了。

诲人律己

古人为了时刻训勉自己或教育下一代，于是在厅堂或门户上悬挂文字精练的格言警句，称为"格言联"。格言联内容丰富，包含治学、修养、鞭策、处世等，例如"处世何妨真面目，待人总要大肚皮"、"待人宽三分是福，处世让一步为高"、"胸阔千秋似粟粒，心轻万事如鸿毛"等，都是教导人们如何待人处事的；又如"白日莫闲过，青春不再来"、"静坐常思自己过，闲谈莫论他人非"、"多读书知礼明义，少饮酒多是无非"等，则是教导人们要珍惜光阴，自强不息的。

除了格言联外，有人更把格言刻在不同的物件上，以激励自己。例如文学家曹雪芹把"富非所望不忧贫"用草书写在墙壁上，蒲松龄把"有志者，事竟成，破釜沉舟，百二秦关终属楚；苦心人，天不负，卧薪尝胆，三千越甲可吞吴"刻在镇尺上。

指路明灯

其实，格言与日常生活息息相关，是人生道路上的明灯。当我们在学业上遇到困难时，可以用"眼前多少难堪事，自古男儿当自强"，鼓励自己勇于面对人生困境，不能失去信心。

人与人之间相处，难免会发生争吵或冲突。这时候，我们可以用"己所不欲，勿施于人"及"宽则得众"勉励自己，学会体谅，不要把自己不喜欢的事，强加在别人身上。待人宽厚，自然可以赢得友谊，得到众人的爱戴。

格言，句句精警，发人深省，只要我们细心体会，就可以从中学会处世之道。

格言是人生道路上的明灯

五、春联——喜气洋洋

想一想

1. 贴春联是从什么时候起成为民间习俗的？
2. 中国人为什么喜欢在迎接新春佳节时张贴春联？

从桃符到春联

春天，大地复苏，百花吐蕊，新翠满目，处处充满生机。一年之计在于春，在我们这个以农立国的古老国度里，春耕之前的春节是民间最隆重的节日，而家家户户张贴春联是重要的庆祝活动。

这种习俗源起于何时呢？话得从"桃符"说起。

据记载，东汉时家家户户过春节时，都要在大门上放置桃符。桃符就是写着"神荼"、"郁垒"的桃木板，分别挂在大门口。神荼、郁垒是两位驱瘟逐疫的神，可以避邪。这个习俗到五代时期的后蜀有所演进，后蜀主孟昶曾亲自在桃木板上写对联："新年纳馀庆，嘉节号长春。"这应是春联的发端，但此时民间还没有形成写春联的习俗。北宋著名的宰相王安石有一首咏元旦的诗："千家万户曈曈日，总把新桃换旧符。"可见北宋时，春节仍是悬挂桃符。

张贴春联何时成为民间风俗呢？据明清笔记所载，应该是在明初。传说明太祖朱元璋自幼喜好对联，做了皇帝后，有一年春节前下令，首都所在地南京家家户户都要在大门两边贴对联。他还亲自拟了一副春联送给开国第一功臣徐达，让他张贴在大门上（见右图）。

从挂桃符发展到贴春联，意味着人民避祸趋吉的美好愿望，求吉祥，求福寿，祝愿新年胜旧年，期盼生活更美好。

> 破虏平蛮功贯古今人第一
> 出将入相才兼文武世无双

立意祈求吉利

春联都要写上吉利的话，这是无可异议的，如大家常见的"天增岁月人增寿，春满乾坤福满门"，就是这一类对子，洋溢着节日气氛。但初期的春联并非全是如此，这里介绍一副抗拒讨债的春联。据说有个穷书生，穷得家徒四壁，窗破屋漏。到年底，别人家买鱼买肉，准备过年，他却要设法躲债。可是躲到哪儿去呢？躲得了和尚躲不了庙，况且哪个亲友都不欢迎他上门躲债。他想来想去没有办法了，索性下狠心不躲债了。他在门上贴了一副春联（见右图）。

各行各业人士对来年都抱有希望。商人祈求的是生意兴隆，财源广进。"生意如春意，财源似水源"之类的春联最受欢迎，大家新春到各百货商店看看，围绕这个主题的联句多着呢！

要求属对工整

春联用于庆贺春节，是对联的一种，所以要求对仗工整，起码要做到名词对名词，动词对动词，形容词对形容词，数量词对数量词，虚词对虚词。请看以下这副春联："身强力壮猴年好，生意兴隆百业开。""身强力壮"是并列结构，"生意兴隆"是主谓结构，不能相对，"猴年"对"百业"也对不上。像这样的春联，就不成为对联。

对联的另一个要求是平仄协调，节奏点平仄分明，最起码上联的末字要用仄声，下联的末字要用平声。请看本文前面所举的春联，任何一个上联的末字都是仄声，而下联的末字都是平声。由此可知，要拟好春联，非学好语文的基本功不可。

> 春联——喜气洋洋
>
> 米无面无油盐酱醋皆无如此贫寒哪个小子敢讨债
>
> 笔有墨有琴棋书画俱有陡然富贵何愁老夫不还钱

六、反语——诙谐幽默

1. 日常生活中,你说过"反语"吗?
2. "反语"可以产生什么作用?

一百八十度大转弯

据说秦朝的时候,有一个侏儒名叫优旃,他非常聪明。有一次,秦始皇打算扩建御花园,炫耀一番。旁边的大臣听说后,心想:"唉!这么大的工程,一定要耗费不少人力物力。皇帝只懂享乐,却苦了百姓……"可是,每个人都是敢怒而不敢言。这时候,优旃却说:"太好了!皇上这个主意真的太好了!这样一来,我们只要在御花园多养一些动物,如牛、羊、麋鹿、老虎、豹子等,如果有敌人入侵边境,这些飞禽走兽就可以保卫国土,抵抗敌军。"秦始皇听完这番话,恍然大悟,便放弃扩建花园的念头。

试想,如果优旃大义凛然地劝阻秦始皇,可能只会自讨苦吃,受到惩罚。优旃采取明智的方法,来个一百八十度大转弯,极力夸耀兴建御花园的好处,表面上是附和秦始皇,实际上是劝谏。这样,优旃不仅可以明哲保身,也能够拯救天下百姓,一举两得!

在笑声中发人深省

优旃故意用与本意相反的话语来表达本意,这种修辞称为"反语"。反语往往带有强烈的幽默或讽刺的意味,能够把本意表达得更为深刻、更富趣味、更有力量。

梁实秋在《小声些》一文中,对中国人在公共场合经常旁若无人、高谈阔论的情况,这样写道:

喉咙稍微大一点，不算丑事。且正可以表示我们的一点国民性——豪爽、直率、堂皇。

表面上，作者用"豪爽"、"直率"和"堂皇"赞美国民，本意却是讽刺。梁实秋还喜欢以反语调侃世态，例如面对中国父母过于溺爱子女，他在《孩子》中称这一现象为"孝子"，并解释道：

《孩子》一书中的所谓"孝子"

以前的"孝子"乃是孝顺父母之子，今之所谓"孝子"乃是孝顺其孩子之父母……

以轻松的笔调，道出现今社会的问题，不仅能为呆板的文字添上趣味，更让读者在笑声中深思和反省。

嘻笑怒骂皆成文章

反语，以其谐趣迭生、风雅幽默的语言风格丰富了文章的色彩。鲁迅先生很喜欢运用反语修辞，他自己说：

好用反语，每遇辩论，辄不管三七二十一，就迎头赶上一声。

鲁迅先生所撰写的杂文，短小精悍，词锋犀利。不少文章，从表面上看是肯定和赞美的，实际却是否定和讽刺，在幽默和轻松的语调背后，表达个人憎恨和愤怒的感情，具有强劲的鞭挞力和浓烈的感染力。

因为反语的特点是用与本意相反的话语来表达本意，所以我们在阅读文章时，要多加思考和咀嚼，这样才不会误会作者的原意，闹出笑话。例如王力先生在《请客》一文中说："从抢付车资，抢会钞，以至于大宴客，没有一件事不足以表示中国是一个礼让之邦。"从表面上看，他对中国人"请客"的风气，是持赞许态度的；可是，你千万别误解作者的一番苦心。其实，王力是以反语讽刺陈规陋习，指出人们请客的真正目的，乃是一种抱着"小往大来"的虚伪行为。

七、谜语——创意思维

想一想

1. 猜一猜:"卧也坐,行也坐,立也坐,坐也坐"指的是什么动物?
2. 你知道猜谜有什么要领或窍门吗?

益智而有趣

谜语是暗射事物或文字等供人猜测的隐语,灯谜是贴在灯上的谜语,有时也会贴在墙上或挂在绳子上。猜谜,是一种益智而有趣的传统娱乐活动。以下试举两个例子:

黄瓷瓶,口儿小,瓶里装着红珠宝,只能吃,不能戴,又酸又甜味道好。(打一物或一果实名)

劈岩移山,修田植柳。(打两字或一果实名)

前者要往实物形态的特点方面去猜,谜底是"石榴";后者要劈开"岩"字把"山"字移去,剩下"石"字,"田"字加上"柳"字成了"榴"字,谜底也是"石榴"。

参照以上的方法,你能猜出"想一想"题1的谜底是什么吗?——是"青蛙",因为青蛙除了游泳以外,都是坐着的,连睡觉也坐着。请再看这条灯谜:

土叠土,叠成堆,虫儿就在土堆边。(打一动物名)

谜底也是"青蛙"。同样的谜底,但设计谜语的人却构思出不同的谜面,富有创意。

结构"三部曲"

谜语是由三个部分组成的,一是

人们争相猜灯谜

谜面，即写出来或说出来让人猜的部分，好比是考题；另一是谜底，即谜面的答案。在谜面和谜底中间是谜目，谜目提示谜底的范围，例如前述的"打一动物名"、"打两字"等。谜面、谜底和谜目，可说是谜语的"三部曲"。谜面要编得和谜底紧密贴切，但又不可过分浅显。如果不贴切，煞费思量也猜不出，就不是好的谜语；如果太浅显，不需思考，也不是好的谜语。

据传说，王安石很喜欢编字谜，他曾经编过这条字谜：

一月又一月，两月共半边，上有可耕之田，下有长流之川。

这条谜语不算深奥，你猜得出这是什么字吗？它是个"用"字。明代才子徐文长也编过字谜，他的文集中保存的一些字谜都很妙，例如：

二画大，二画小。（打一字）

一般人都猜这个字有四画，或是"井"字，或是"王"字，或是"手"字，但扣不到哪二画是大的，哪二画是小的，所以都不对。这条字谜比较深奥，谜底是"秦"字，秦的上半部分是二画加大字，下半部分是二画加小字。

注意改变思路

猜灯谜这样有趣，而且能启发智力，那么，怎样猜呢？有什么要领或窍门吗？这个问题很难一句话说清楚，建议有六个字：注意改变思路。以下举例加以说明。有条灯谜：

短一些，再短一些。（打一字）

照通常的思路，所猜的字可能很短，笔画有长短之分，一个字怎么可以短一些，再短一些，可见此路不通，要换个思路。谜面上不是有个"些"字吗？它底部有两个"一"字，"些"字短少一，再短少一，成了"此"字，那短字不当长短的短讲，要当短少讲。

猜谜是一种考智力的语言游戏。全世界的语言多种多样，唯独汉语才具有如此丰富多彩的变化，值得玩味。

猜灯谜

十、双关语与歇后语——话中有话

想一想

1. 你能举出一个双关语的例子吗？
2. "和尚打伞"的歇后语是什么？

言在此意在彼

双关语的特点是言在此而意在彼。古人早已使用双关语委婉地表情达意。话说三国时，东吴孙权手下有一员勇将名太史慈，猿臂善射。太史慈是北方山东人，曹操想把太史慈拉拢过来，为自己效力，但又不便明说，于是派人送他一盒中药当归。太史慈是聪明人，打开盒子一看，只有一张空白的信纸和一包当归，他明白了曹操的用意是叫他回家乡。但他对孙权忠心耿耿，不为曹操所动。在这个事例里，中药当归是表层的意思，返回家乡则是深层的意思。

双关语可分为两类，一是语义双关，上举之例便是；另一类是语音双关，在实际应用中，使用得更多。古典诗歌最常使用语音双关，例如唐代诗人刘禹锡的《竹枝词》写道："东边日出西边雨，道是无晴（情）还有晴（情）。"括号中的字是深层的意思，一语双关。

言在前意在后

与双关语相似但不相同的有歇后语。歇后语由前后两部分构成，其特点是言在前而意在后，后半部分是对前半部分的解释。歇后语流行于民间，带有明显的口语色彩。请看下面的例子：

　　　　和尚打伞——无发（法）无天
　　　　拉着胡子过河——牵须（谦虚）过渡（度）

以上两例是谐音歇后语，前半部分设定某种情景，后半部分用谐音字点明情景的内涵。第一例中只有一个字谐音，第二例四个字有三个字谐音。使用谐音字较少的较容易理解，全都是谐音字的不容易理解。

　　　　黄鼠狼给鸡拜年——没安好心
　　　　泥菩萨过河——自身难保
　　　　棺材里伸手——死要钱
　　　　猪八戒照镜子——里外不是人

　　以上四例都不用谐音字，前半部分实际上是一种比方，后半部分点明比方的含意。在实际应用歇后语时，后半部分可以不说出来，例如"他这是黄鼠狼给鸡拜年"，听话的人就明白什么意思了。

猪八戒照镜子——里外不是人

耐人寻味

　　双关语和歇后语有个共同点，就是拐个弯儿表情达意，都不能只照字面理解，要想一想才可明白其含意。此外，反语也是不可以照字面理解的，例如"冤家"本来指仇人，常言"冤家路窄"，意思是仇人凑巧相遇了；可是《西厢记》里写张生与莺莺互相爱慕，却互称是"冤家"。在这里，"冤家"不是指"仇人"，而是指"爱慕的人儿"了。

　　要理解"话中话"，并不是一件容易的事情，这也从另一方面说明汉语耐人寻味的丰富内涵。

中华文化承传

单元五

治乱兴衰 5

一、中华大家族
二、黄帝始祖
三、大禹治水
四、禅让与世袭
五、仁政与霸政
六、人治与法治
七、名号与避讳
八、皇帝的秘书处
九、地方行省制度
十、借古鉴今

一、中华大家族

1. 中国是由多少个民族组成的？
2. 我们应该以怎样的态度与不同民族的人相处？

中华大家族

你到过北京天安门广场吗？你可曾留意，为什么天安门广场的国旗杆座周围有56个铜制的栏杆？为什么天安门广场的金水河又有56组喷泉呢？

正确的答案是它们代表了中国有56个民族。中国是一个统一的多民族国家，定居于中国领土上的所有民族，合称为中华民族。

天安门广场的金水河喷泉

56个民族由于生活环境、经济活动、风俗习惯、宗教信仰等各方面的差异，从而形成了各自独特的风采，丰富了中华民族的文化内涵。

阿昌族	白族	保安族	布朗族	布依族	朝鲜族	达斡尔族
傣族	德昂族	东乡族	侗族	独龙族	俄罗斯族	鄂伦春族
鄂温克族	高山族	仡佬族	哈尼族	哈萨克族	汉族	赫哲族
回族	基诺族	京族	景颇族	柯尔克孜族	拉祜族	黎族
傈僳族	珞巴族	满族	毛南族	门巴族	蒙古族	苗族
仫佬族	纳西族	怒族	普米族	羌族	撒拉族	畲族
水族	塔吉克族	塔塔尔族	土家族	土族	佤族	维吾尔族
乌孜别克族	锡伯族	瑶族	彝族	裕固族	藏族	壮族

茶马互市

56个民族生活在同一块土地上,矛盾是不可避免的。有什么方法可以让各民族和睦相处呢?长期以来,各民族为了建立和谐的关系,作了各种尝试,付出了许多努力。

古时候,除了用战争方式解决外,人们还会通过和亲、互市、交流等方法,加强民族间的联系,缓和彼此的矛盾和差异。汉唐的时候,中原地区的人民会用茶叶、纺织品等,与少数民族交换马匹和毛皮,史称"茶马互市"。这种贸易往来,不仅可以满足各民族的需求,也促进了经济和文化的交流。

今天,中国政府推出各种政策,促进汉族和各兄弟民族的交流与融合。例如举办全国少数民族传统体育运动会,让各少数民族人民在运动场上各展英姿,弘扬民族传统的体育运动,以维系友好的民族关系。

和睦相处

在中华民族的大家庭中,汉族的成员最多。因此,在中国各个朝代,都是以汉字为官方文字,用汉语作为全国的共同语言,以减少各地的隔阂。可是,我们也不应该因此产生自大的心理,忽略其他少数民族的存在。中国有一首歌曲叫《爱我中华》,内容是这样的:

> 五十六个星座五十六枝花,
> 五十六族兄弟姐妹是一家,
> 五十六种语言汇成一句话,
> 爱我中华——爱我中华——爱我中华!

这首歌曲,强调中国是由56个民族共同建立的,关系非常密切。如果各个民族不能互相尊重,便会产生很多纷争,影响国家政治和经济的发展。因此,我们应该以兼容的态度,认识和接受各个民族的文化。这样,中华民族才可以日益壮大,繁荣富强。

各族人民和睦相处

二、黄帝始祖

1. 你知道是谁发明指南车的吗？
2. 为什么黄帝又称为"轩辕氏"？

轩辕黄帝

孙中山先生曾经这样说：

> 中华开国五千年，神州轩辕自古传。
> 创造指南车，平定蚩尤乱。
> 世界文明，唯有我先。

上述文字，讲述了中华民族始祖黄帝的重要生平事迹。相传黄帝是五千年前的一位共主，三岁时能言善语，聪敏过人。长大后，待人真诚，处事公正，人们便推举他为部落的首领。

当时，天下不少人都归附黄帝，唯独蚩尤不服，与黄帝战于涿鹿。于是，黄帝召来一条神龙，名叫应龙，打算用大水淹死蚩尤。蚩尤不甘示弱，请来风伯雨师，翻起大风暴雨，应龙不敌，狼狈而逃。黄帝立刻请来女神旱魃助阵，停止风雨。

黄帝画像

蚩尤输了第一回合，就施展法术，顷刻间四周云雾笼罩，令对方军队迷失方向。黄帝运用其聪明才智，发明指南车辨别方向，成功冲出浓雾的封锁。经过连场战斗，黄帝终于取得最后胜利。

其后，黄帝便取代神农氏炎帝，成为天下的共主。相传尧、舜、禹、汤等都是黄帝的后裔，因此黄帝被视为中华民族的始祖。

唯有我先

为什么孙中山先生会称赞黄帝是"世界文明，唯有我先"呢？原来，黄帝除了发明指南车外，在他的领导下，中华民族在建筑、交通、文字和医学等各方面都有迅速的发展，后人视黄帝为中华文明的开创者，称誉他是"人文始祖"。

几千年来，民间流传着许多关于黄帝和他的臣子们创造发明的传说。有说黄帝为了方便往来各地，创造了车，既可以让人们以车代步，又可以用车运载货物；有说他教导人民砍伐木材，建造房屋；有说世界上第一个煮食的锅，是黄帝发明的。在黄帝的鼓励和推动下，他的臣子们也各有不同的发明创造，如仓颉始制文字，具六书之法；伶伦取竹以作箫管，定五音十二律，以调剂身心。

仓颉画像

创意有价

以上种种故事，充满了传奇的色彩，黄帝几乎成为了古代创造发明的万能智者。从这些传说中，后人找到了中华文明的源头。五千年来，中国人相信黄帝是中华民族的始祖，常常自称为"炎黄子孙"。这种民族认同感，联系了全世界华人的心灵，发挥了团结的作用。黄帝和他的臣子们凭着勇于创新的精神，发明了许多东西，开创了中华的文明。我们既然是"炎黄子孙"，就要以他们为榜样，继承其优良传统，不断进取。

"人文始祖"黄帝凭着创意，开创了辉煌的中华文明时代。同样，我们也可以发挥自己的创意，不断开拓新时代文明的空间。

三、大禹治水

想一想

1. 为什么大禹"三过家门而不入"？
2. 假设你是大禹，你是否会放下工作回家探望亲人？为什么？

以"疏导"代"堵塞"

在历史上，安徽省凤台县经常洪水滔滔，是百姓的心腹大患。当地有一首民谣云：

> 凤台十年九载水，百姓十家九户荒。
> 山上禹庙靠不住，何日盼来新禹王。

面对无情的水患，百姓都期望新一代的禹王来拯救他们脱离苦海。究竟禹王是谁呢？

据说尧舜时期，洪水泛滥成灾，百姓过着水深火热的生活。于是，尧下令鲧治理水患。鲧花费九年的时间，采用筑堤坝阻挡洪水的堵塞方法。可是，洪水摧毁了堤坝，水灾反而闹得更凶了。

鲧逝世后，他的儿子禹继承父业，担起治水的重任。禹亲身到各地考察，终于发现洪水泛滥的原因，说道："一座座的高山阻挡了去路，令河水和雨水无法流走，结果引致洪水泛滥。"禹想到以开渠排水、疏通河道的办法，把洪水引到大海去。经过13年的努力，终于解决了水患的困扰。后人称赞禹治水的功绩，尊称他为"大禹"，意指伟大的禹。

大禹陵

三过家门而不入

大禹为了尽快解决水患，废寝忘餐，夜以继日地在外工作。根据古书的记载，治水期间，大禹曾经三次经过家门，都没有回家看望家人。有一次，大禹在门口听到儿子的哭声，也只好抑制住思念之情，避而走开。百姓深感疑惑，大禹说："洪水为患，祸延百姓，我又怎能因私忘公呢？"

这种坚忍不拔、大公无私的态度，四千年来打动了许多人的心灵。民间流传着这样的一首歌谣：

> 大禹治水十三年，一心为民解灾难。
> 实地观察搞调查，团结勤快听意见。
> 三过家门而不入，废寝忘食沥肝胆。
> 河道疏通水患灭，灌溉农田万民欢。

据说大禹治水的足迹遍及全国，古人以"禹迹"作为中国的代称。由此可见，大禹在中华民族的地位是非常崇高的。

中国的脊梁

鲁迅曾经在其作品中塑造了"面貌黑瘦，像铁铸的"大禹形象，更把古今以来和大禹一样的"埋头苦干的人"、"拼命硬干的人"、"为民请命的人"和"舍身求法的人"称为"中国的脊梁"[①]。

说得简单一点，"中国的脊梁"表现了中华民族坚毅的精神。"坚毅"指坚定有毅力，如大禹定下治理洪水的目标后，无论遇上什么困难，都坚定不移地去完成它。

今天，我们喜欢以"逆境商数"(Adversity Quotient，简称AQ)来评估人们应付逆境的能力。一个AQ高的人会勇敢地面对困难，积极寻找解决方法；相反，一个AQ低的人，遇上困境时只会怨天尤人，自暴自弃。那么，你的AQ又如何呢？

大禹画像

[①]出自鲁迅的《故事新编·理水》。

四、禅让与世袭

1. 你知道"禅让制"和"世袭制"有什么分别吗?
2. 你喜欢哪一种制度?为什么?

尧舜禅让

夏代以前,社会是采用"禅让"的方式挑选王位继承人的,让贤能的人来管理天下。

据说尧帝年老的时候,为了继承人的问题伤透了脑筋。尧帝的儿子丹朱性格狂妄,难当大任。于是,尧帝向各地发出公告,要大家推荐适当的继任人。过了不久,百姓一致推荐以孝闻名天下的舜。

王位禅让

舜的生母早逝,父亲瞽叟是个瞎子。后来,瞽叟再娶,继室生了一个儿子名叫象。象的性情很凶残。有一次,舜奉继母之命去修理水井,他刚到达井底,继母和弟弟就把石头往井里扔,想将他埋在井里。幸好,舜凭着聪明才智,逃过劫难。虽然受到百般欺凌,善良的舜仍然孝顺父母,疼爱弟弟。这种以德报怨的行为,感动了天下百姓。尧帝经过多年的观察,认为舜确是贤能之士,决定把王位传给舜。果然,舜即位后,勤政爱民,造福社会。

世袭制度

传说舜帝晚年时,也仿照尧帝的方法,按照人民的意愿,把王位传给治水有功的大禹。大禹晚年时,把帝位传给贤人益,益却把帝位让给禹的儿子启,最后由大禹的儿子启继承了王位,开启了中国历史上王位"父子相传"的先河[①]。从此以后,殷商、西周、秦汉直至清朝,都承袭这种制度。各个朝代的王位均以子继父位为其特色,而且一般都是传嫡长子。

世袭制的推行,也标志着中国进入"家天下"的时代。如唐朝称为"李氏天下"、宋朝称为"赵氏天下"、明朝称为"朱氏天下"等。古书说:

> 普天之下,莫非王土,率土之滨,莫非王臣。

在世袭制度下,天下的土地、臣民都成为君主一家的私有财产,形成"中国为一人,以天下为一家"的政治文化特色。

选举权利

几千年来,"世袭制"对中国政治产生了深远的影响。可是,一般人更推崇的却是"禅让政治",认为这种传贤不传子的制度体现了"天下为公"的精神。孔子说:

> 大道之行也,天下为公。选贤与能,讲信修睦。

孔子提出,在尧舜时代,天下是百姓所共有的。百姓可以选择贤能之士管治国家,人民讲求信用并和睦相处。

今天,我们拥有选举和被选的权利。例如上学的时候,我们可以参与班会和学生会的选举活动;将来,在社会上,我们也可以参加选举活动,推举有才能的人担任领导。我们要好好珍惜这份权利,珍惜这些机会,积极参与,行使权利。

[①] 夏朝及商朝前期,王位的继承一般是"兄终弟及";"父子相传"的制度在商朝后期才确立。

五、仁政与霸政

1. 你认为怎样才可以称为"仁君"呢?
2. "以德服人"与"以力服人"会有什么不同的效果?

不忍之心

仁政是指什么呢?看一看以下的故事,就可以找到答案了。

据说有一天,齐宣王问孟子:"请问我可以成为仁君吗?"孟子肯定地回答:"当然可以!"齐宣王心里充满疑惑,孟子解释说:"我

齐宣王下令以羊易牛

知道有一次你叫人放了一头准备用来祭祀的牛,换上一只羊代替。"齐宣王回应说:"对啊!我是不忍心看见牛恐惧发抖的样子,所以用羊来代替。"孟子安慰说:"我明白你的心意。你看见被宰的牛觉得不忍心,这就是你的仁爱之心。你对牲畜也有不忍之心,又怎会忍心看到平民百姓受苦呢?所以,只要你以这种不忍之心推行政策,你就可以成为仁君了!"

以德服人

孟子提倡行仁政,曾经说道:

> 以不忍人之心,行不忍人之政,治天下可运之掌上。

"仁政"是由性善论衍生出来的,意思是说君主应该从人性

固有的仁爱之心出发，推己及人，制定有利于百姓的政策。"以民为本"是推行仁政的重要基础，如果君主能以人民之乐为乐，以人民之忧为忧，重教化，轻刑罚，这样自然可以使民心归顺，国家富强。

"霸政"，是与仁政相对而言的。孟子极力反对以力服人的霸政，认为这样会造成君主只考虑自己的利益，崇尚武力，轻启干戈，残害百姓，就如战国时代，七雄互相攻城掠地，百姓苦不堪言，生灵涂炭。

孟子指出，以德服人，使邻国来朝，对方自然诚心信服。相反，霸主利用武力来征服别人，对方只会假意俯首称臣，而不会心悦诚服。

仁者无敌

孟子认为人的行为必须符合仁义的标准。有一次，齐宣王问孟子："夏桀、商纣是君主，商汤、周武王是臣子，作为臣子的去杀害国君，这是对的吗？"孟子回答说："我只听说武王杀了一个残暴不仁的商纣，没有听说武王杀过国君啊！"由此可知，孟子认为，倘若君主施行霸政，残害百姓，便失去作为君主的条件，其他人便可以取而代之。

所谓仁政，是指政府施政以人民的福祉为依归，以民为本。时至今天，儒家所提倡的"仁政"仍然有很大的借鉴意义，它警惕政府在制定任何政策时，人民的利益应为首要的考虑因素。如果政府能以民为本，国家自然可以安定繁荣。

百姓群起，反抗暴政

六、人治与法治

1. "人治"与"法治"有什么区别？
2. 你知道法治的核心精神是什么吗？

君主好恶无常

据说从前卫国的弥子瑕受宠于卫王，有一天，弥子瑕的母亲病了，他为了早一点回去探望母亲，便假传卫王的命令，说道："卫王准许我乘坐君主的车子回家去。"按照卫国的法律规定，未获准就使用君主的坐车，必受刖刑[①]。可是，卫王不仅没有处罚他，反而称赞弥子瑕说："他真是难得的孝子呀！"又一次，弥子瑕

弥子瑕把吃剩的半个桃子献给卫王

吃一个桃子，觉得味道真好，便留下另一半献给卫王吃。旁人认为这是不敬的行为，卫王却说："弥子瑕真的很爱戴我，吃到甜美的食物，就想到献给寡人。"后来，弥子瑕失宠，卫王再次想起这两件事情，却骂道："弥子瑕曾经假传命令，使用我的车；又将吃剩下的一半桃子给我吃，真是太无礼了！"

弥子瑕的行为，前后并没有两样，为什么卫王两次的评价却完全相反呢？

[①]刖刑：古时候把两脚割去的刑罚。

为政在人

其实，这一切的改变都是源于君主个人的喜好和憎恶。古时候，中国的政治富有浓厚的"人治"色彩，君主拥有至高无上的权力，掌握着全国的行政、财政、司法和军事大权。君主可以凭着个人的好恶任意提拔、赏赐和惩罚官员；对于既定的法令，君主也可以随时改变或取消。简言之，君主的话就是金科玉律，任何人不得抗旨。国家治乱兴衰的关键在于统治者是否贤能，而不在于法律。如果遇上贤君当政，天下百姓便会过着安居乐业的生活；若是碰上专制暴戾的君主，人民并不可以罢免君主。所以，古语有云："暴君不亡，暴政不息。"古人只可以期待贤君的出现，拯救苍生。

朝会时，君主面色威严，臣子低下头

王子犯法与庶民同罪

中国有句古语："王子犯法与庶民同罪。"意思是说，在法律面前人人平等，谁也不能例外。可是，在君主专制时代，法律规章对君主却完全没有约束力。

今天，讲求民主与法治精神，排除人治的施政理念，是现代国家政治的发展趋势。"法治"最核心的价值是以人为本，尊重每一个人的权利和自由，当权者行使权力时必须依循一套客观标准，不能因其个人的好恶和价值取向而有所偏差。此外，法律还能保障弱势群体，监察政府行使权力，法庭于审理案件时秉公处理。

健全的法律制度应能作为一套准则，以规范人们的行为。因此，我们要遵守法律，营造和谐公平的社会环境。

七、名号与避讳

1. 你知道什么是"年号"、"庙号"和"谥号"吗?
2. 为什么"正月"的"正"读音是"征"呢?

谥号、庙号、年号

下列的名号都和乾隆皇帝有关,试加以配对:

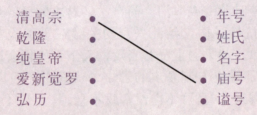

由上可知,中国古代帝王的名号十分复杂,名目繁多,除了姓氏和名字外,还有庙号、谥号和年号等。

"庙号"指帝王死后在太庙祭祀时所设的名称。自汉以后,许多朝代的开国皇帝的庙号称"祖",如汉高祖、唐高祖、明太祖等。后代子孙继位则称"宗",如唐太宗、宋英宗、元成宗等。

"谥号"是帝王死后依其生平事迹而评定的称号,有褒贬之意。例如:文、武、成、昭、景、明是褒字;幽、厉、炀是贬字;殇、哀、悼等谥号表示同情且兼有不同程度的贬意。

"年号"是帝王在位纪年所立的名号。一般来说,年号总是取吉祥字,如宋太祖赵匡胤以"建隆"作年号,是期望辛辛苦苦建立的国家可以繁荣兴盛。自汉朝至元朝,一个皇帝通常不止采用一个年号。武则天在位15年,先后采用了17个年号,变来变去,次数惊人。

武则天画像

避之则吉

帝王为了建立和维护至高无上的权威，规定臣民应避免直接说出或写出君主的名字，称为"避讳"。例如：秦始皇名政，为了避他的名讳，连"正月"的"正"也因读音相同而要改读"征"音。又如东汉光武帝名秀，于是百姓以"茂"字代替"秀"字，把"秀才"改称"茂才"。

后来，除了要避君主的名讳外，对于尊长之名也要避开。因为避讳的规定越来越多，也闹出不少笑话。据说古时有个人姓"钱"名"良臣"，他的儿子读书时见有"良臣"二字，便改读为"爹爹"。有一天，读《孟子》，里边有"今之所谓良臣，古之所谓民贼也"的句子，其儿子就改读为："今之所谓爹爹，古之所谓民贼也。"钱良臣听后，真是啼笑皆非！

古代的时候，避讳原出于礼与孝，可是，繁复的避讳制度却造成了名实上与文字上的混乱，如唐代避唐高祖李渊讳，改陶渊明为陶泉明，便为后人读古书带来不便。

历史价值

面对古代繁复的名号和避讳制度，也许不少人都会感到烦恼，有所抗拒。这些名号和避讳，对于我们认识中国历史是很有帮助的。谥号有褒贬之意，因此我们可以从一个皇帝的谥号中，推想他的政绩或时人对他的评价。譬如说，隋朝的杨广，在位期间荒淫奢侈，赋役繁苛，终致亡国。在他去世后，时人乃加谥为"炀"，可知臣民对杨广的不满。

此外，认识古代的避讳习俗，也可以帮助我们理解阅读古书时所碰到的疑问。柳宗元的《捕蛇者说》最后一句是：

> 故为之说，以俟夫观人风者得焉。

文中的"观人风者"是指古代采风问俗之人。人风，就是民风、民情。那么，为什么作者不直接写"民风"呢？原来，作者生于唐朝，唐代避唐太宗李世民讳，改"民"为"人"。

古代的名号和避讳风俗，是中华文化独有的特色。掌握有关知识，不仅能增加我们对中华文化的了解，更可以帮助我们阅读古书。

八、皇帝的秘书处

1. 为什么明太祖要废除丞相一职呢？
2. 你知道什么叫"内阁制"吗？

明太祖废相

明太祖朱元璋出身寒微，生性多疑，深怕当年跟随他南征北伐的功臣有谋朝篡位的野心。为了巩固朱明皇权，朱元璋以不同的借口把他们相继除去。宋濂是明朝开国初期受过明太祖重用的人。有一次，宋濂设宴邀请亲朋好友。第二天上朝时，明太祖问他昨天喝过酒没有，请了哪些客人，准备了哪些菜肴，宋濂只得一一如实回答。原来，宋濂宴请客人的情况，明太祖早已接获通报。

明太祖画像

为了使皇位永固，代代相传，明太祖更厉行君主集权政策。自汉朝以来，丞相的职责都是领导百官，辅助天子处理政事，参与决策，地位可以说是"一人之下，万人之上"。明太祖深恐丞相职权过大，于是废除丞相一职，并规定不再复设。丞相废除后，相权并入君权之中，皇帝统领六部(吏、户、礼、兵、刑、工)，直接领导政府各部门，群臣只负责执行命令，不能参与决策，造成君主极权的局面。

内阁制形成

学者钱穆先生指出，中国传统政治，到明代有了一次大改变，就是丞相的废置和内阁制的产生。

明太祖废除丞相后，亲自处理政事。然而，天下事多繁复，举例说，洪武十七年九月十四日至二十一日，短短八日间，全国送到皇宫里的奏章竟有1160份，涉及3291件事，只凭皇帝一人之力，实在难以应付。于是，明太祖设殿阁大学士，在君主左右以备顾问，兼掌诏诰，有起草诏令、票拟①批答等权，但一切要按照皇帝的指令。

明太祖设殿阁大学士，是内阁制度之始。至明成祖时设内阁，选大学士入值内阁，可参与机密，职权稍大；然而，奏章批答仍由成祖亲自处理。明仁宗时，内阁制已渐臻完备，大学士专任票拟，权位日渐重要，并以其中一人为首辅，领导内阁，职同丞相。

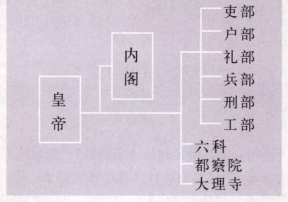

宦官专权乱政

明太祖废除丞相，确实可以独揽政权，但是，皇帝一人又怎能管理天下所有的事务呢？结果，为明朝政权带来负面的影响，造成宦官专权。内阁大学士的职责是票拟，再呈皇帝批红②，本可填补皇帝因废除丞相而乏人辅佐的不足，但遇上皇帝无心朝政，而内阁首辅有丞相之名，无丞相之实，缺乏行政权力，贴近皇帝的太监便有机会窃权。后来，有些皇帝更私下让太监代为批红，结果引致宦官专权，政治日趋腐败，加速明朝走上灭亡之路。

一个人的能力毕竟是有限的，君主要稳固政权，挑选贤能之士辅助自己是很重要的。同样，同学要处理好班会、学生会或其他需要集体行动的事务，能否建立一种良好的合作关系、发挥互助的精神也是至关重要的。

①大学士接到奏章，用小票纸条写下对奏章的处理意见，供皇帝裁决，称为"票拟"。
②皇帝看过大学士所写的小票，亲用红笔批下，名为"批红"。而批好的奏章拿出去，便是正式的谕旨。

九、地方行省制度

想一想

1. 中国哪个朝代开始推行"行省制"？
2. "行省制"是什么意思？

廿二行省为一家

泱泱哉我中华！
最大洲中最大国，
廿二行省为一家。

以上诗句，出自梁启超的《爱国歌》。梁启超形容中国是"廿二行省为一家"，你知道是什么意思吗？原来，这首诗写于1903年，当时中国行政区分为22个行省。

民国以来，行政区的划分几经变化，但基本的格局则不变。今天，全国行政区除了23个省外，还有5个自治区①，4个直

中国行政区划图

辖市②及两个特别行政区③，把它们集合在一起，就成为一个完整的中国版图了。（参见上图）

元代的行中书省

那么，"行省"是什么意思呢？为什么要设立"行省"呢？要寻找以上问题的答案，我们就要追溯到元代了。

元朝统一全国后，元世祖有感于领土辽阔，民族众多，于是决定在汉族地区和一些边境地区，设置行省，以加强对地方的统驭。元朝在中国本部把大都和它邻近的地区，划归中书省直辖，称为"腹里"，在全国其他地区共设十一个"行省"，即岭北、辽阳、河南、陕西、甘肃、四川、湖广、江浙、江西、云南、征东等。行省中的岭北，是蒙古的发祥地，其地位仅次于腹里，在其他行省之上。

行省作为地方的最高行政机构，总领一省的政治、军事、财政等大权，长官为丞相，例由蒙古人担任。元代行省制区划清晰，组织完善，职权分明，是中国地方行政发展的新里程。

香港十八区

设立"行中书省"，是元代地方行政制度的一大特色，它对后代的地方政治有着重大的影响，如明清两代的地方行政制度都是在元朝的基础上略加改革。今天，中国依然有不同的省份，另设自治区、直辖市和特别行政区，省以下根据情况设市、县等，希望这样可以更有效地管治各地，使中央政府与地区建立良好的沟通机制。

回看香港这弹丸之地，也设立了18区。它们分别是：中西区、东区、南区、湾仔、葵青、北区、西贡、沙田、大埔、屯门、荃湾、元朗、九龙城、观塘、深水埗、黄大仙、油尖旺和离岛。这种分区法和行省制的精神是有共通之处的，政府于各区设立区议会，充当政府与市民之间沟通的桥梁，接受政府就有关地区管理和其他事务的咨询。

无论是行省或者区议会，设立的目的都是为了加强政府和地方的联系，便于推广中央的政策和收集市民的意见。

---

①自治区：相当于省一级的民族自治地方。
②直辖市：由中央直接管辖的都市。
③特别行政区：中央政府划定的实行不同制度的特别行政区域。

十、借古鉴今

1. 你知道中国有多少个朝代吗？
2. 怎样才可以做到"借古鉴今"呢？

朝代歌

民间流传着一首《历史朝代歌》：

唐尧虞舜夏商周，春秋战国乱悠悠。
秦汉三国晋统一，南朝北朝是对头。
隋唐五代又十国，宋元明清帝王休。

不同的朝代，为中国古代历史发展的进程，立下一个个清晰的标记。中国历史上第一个朝代为夏朝，其后共经历了商、周（春秋战国）、秦、汉、三国、两晋南北朝、隋、唐、五代、宋、元、明、清各朝代。

朝代的名称，是各个时期政权的国名或国号，一般以下列方法得来：第一，以政权所在地的地名作为国名，如周朝因其先祖初兴于周原而得名，秦朝国名源于其始祖居住的秦邑。第二，是将立国者在前一政权中享有的封号作为国号，如李渊的祖父在北周时被封为唐国公，他本人在隋朝承袭唐国公的爵位，建国后便以唐为国号。第三，沿用历史上已有的朝代名称，如东汉末年，刘备自居汉皇室之后，建立政权，也命名为汉，史称蜀汉。

夏		
商		
周	西周	
	东周	春秋时代 战国时代
秦		
汉	西汉	东汉
三国	魏、蜀、吴	
晋	西晋	
	东晋	十六国
南北朝	南朝	宋、齐、梁、陈
	北朝	北魏
		东魏
		北齐
		西魏
		北周
隋		
唐		
五代十国	后梁、后唐	
	后晋、后汉	
	后周、十国	
宋	北宋	西夏 辽
	南宋	金
元		
明		
清		
中华民国		

中国历史朝代表

分久必合，合久必分

俗语说："唐朝美人，美人上马马不支；宋朝美人，美人上马马不知。"每个朝代在政治、经济、军事、教育、艺术、外交等各方面都有不同的风貌。

《三国演义》的第一回开头写道："话说天下大势，分久必合，合久必分。"比喻世事变化虽无定，却依物极必反的法则运行，就好像各朝各代的兴亡更迭。例如：东周后半期处于列国混战的局面，史称"战国时代"，当时天下出现了七个大国并立的局面，分别为齐、楚、燕、韩、赵、魏、秦。其后，秦消灭六国，统一全国；可是，却因政策苛暴，激起人民反抗，国祚只有15年。后来，刘邦打败项羽，建立汉朝。东汉末年，曹操挟天子以令诸侯。曹操死后，曹丕迫献帝让位，东汉正式灭亡，天下又陷入分裂，史称"三国时代"。由以上的例子，可知中国的历史是经过分裂、统一、再分裂、再统一的过程。

三国形势略图

以史为鉴

历史是一面镜子，可以让人借古鉴今。唐太宗就是一个很好的例子。据说唐朝的时候，唐太宗下令修建洛阳宫，大臣张玄素上书说："隋朝因大兴土木，营建宫室，致使怨声载道。如果陛下修筑宫室，岂不是重蹈前朝的覆辙？"太宗接受了劝谏，下令停止修建洛阳宫。

历史是前人经验累积的宝库。我们只要好好学习，并通过独立思考，建立判断是非的能力，就能够汲取教训，避免很多前人犯过的错失。

中华文化承传

单元六

历史人物

一、统一天下的秦始皇
二、雄才伟略的汉武帝
三、从善如流的唐太宗
四、兼容并包的康熙帝
五、制礼作乐的周公
六、帝王之师——张良
七、鞠躬尽瘁的诸葛亮
八、义薄云天的关云长
九、先忧后乐的范仲淹
十、精忠报国的岳飞

一、统一天下的秦始皇

1. 谁是中国第一位皇帝?
2. 你认识小篆这种字体吗?它在文字发展史上起过什么作用?

中国第一位皇帝

李白的《古风》诗这样说:

秦王扫六合,虎视何雄哉!
挥剑决浮云,诸侯尽西来。
明断自天启,大略驾群才。

秦始皇画像

这首诗说的就是秦始皇嬴政(前259—前210)积极招揽人才,调兵遣将消灭六国,统一天下的壮举。据说当年一统天下后,全国上下都充满着喜庆的气氛,文武百官纷纷向秦王歌功颂德。秦始皇得意洋洋地说:"寡人一统天下,也应该更换一个特别的名号,不可再用'王'字。"他认为自己功德远超三皇五帝,于是,决定把三皇中的"皇"字和五帝中的"帝"字加起来,改称为"皇帝"。秦始皇说道:"寡人是第一个皇帝,就称为'始皇帝'。今后,继位的子孙称为'二世皇帝'、'三世皇帝',一直到千世万世,传之无穷。"

从此以后,"皇帝"便取代了"王",成为中国最高统治者的称号,并为历代统治者所沿用。

确立中央集权,奠定中国版图

秦始皇顺应历史的潮流,完成了统一中国的大业,废除分封制,实行郡县制。郡县长官由皇帝任免,必须听命于皇帝,为皇帝负起管治地方的责任；中央则设置丞相、太尉和御史大夫，辅助皇帝处理全国的政治、军事及监察等要务。丞相之下，设置九卿，负责中央政府各部门的工作。九卿均由皇帝任免，从而确立了中央集权的政治体制。

秦始皇不仅统一了六国，还派兵北逐匈奴，收复河套地区；又南平百越，统一岭南地区。通过南北两面用兵，拓展了疆土，奠定了中国的版图。同时，他还修建了举世闻名的长城，对防御北方外族的入侵，起了积极的作用。

统一文字和货币

我国的文字起源很早，但是在先秦时期，文字异形的现象相当普遍，同样一个字，在不同的地方有不同的写法。秦统一后，文字紊乱也给朝廷政令的传达造成了困难。秦始皇采取了统一文字的措施，命李斯等人写成小篆的范体，通行全国。文字的统一，为中华文明的发展作出了积极贡献。

春秋战国时期，中国的货币制度十分混乱，不同国家货币的大小、形状、轻重、计算单位各不相同。秦始皇统一中国后，鉴于货币的混乱给经济发展带来诸多不便，于是下令废除各地的货币，规定全国统一使用黄金和铜钱两种货币。黄金为上币，单位为镒（20两）；铜钱为下币，圆形方孔，单位为半两，因此称为"半两钱"。货币的统一，大大地促进了经济贸易的发展。

半两钱

是圣是魔

对于秦始皇的功过，你有什么看法呢？

秦始皇具有传奇色彩的一生，有人说他是千古一帝，有人却说他是暴君，毁誉不一。他究竟是圣是魔？似难一语论定。但秦始皇的开创性兴革措施，把中国历史的发展推向一个新的阶段，却是后世所公认的。

二、雄才伟略的汉武帝

1. "罢黜百家，独尊儒术"的国策始于历史上的哪个朝代？
2. 你知道"士人政府"是什么意思吗？

西通西域，北逐匈奴

汉武帝画像

史家常说："教自孔子成，政自始皇立，境自武帝定。"这是说：孔子为后世的教育建立了良好典范，秦始皇制定了各种典章制度，而汉武帝刘彻（前156—前87）则扩充了中国的基本版图。

据说汉武帝年幼时，就已经显示出他的聪明睿智。九岁时，他的父亲景帝问："儿啊，将来你能否治理好国家呢？"武帝充满自信地回答："一定。"景帝又问："如果有人造反怎么办？"武帝回应："我会率领大军征讨。父皇，我想学习骑马。"景帝叹息说："唉！我们就是因为缺乏马匹，才不敢攻打匈奴人。"武帝思索一会后，问道："父皇，哪里马匹最多呢？"景帝回答："西域①的马匹最多最好！"武帝说："那么我可以先征服西域，然后再对付匈奴人。"景帝听后，十分高兴，心想这个孩子将来一定可以成为杰出的君主。

汉武帝即位后，派张骞出使西域，开辟了西域交通，建立了汉朝与西域之间的关系，使西域与中原联为一体。武帝采取积极的措施，训练大量的骑兵，派遣名将卫青、霍去病、李广等，主动出击匈奴，把匈奴逐往大漠以北。

---

①西域：汉朝时候，玉门关(今甘肃敦煌西北)和阳关(今甘肃敦煌西南)以西、葱岭(今帕米尔高原和喀喇昆仑山)以东的天山南北地区，称为西域。

罢黜百家，独尊儒术

西汉初年，以道家黄老无为的思想为指导，实行无为之治，与民休养生息。推行的结果，经济恢复并迅速发展，百姓生活有所改善。但是，由于政策比较放任，产生了各种问题，如诸侯王势力过大、土地兼并、匈奴入侵等，使中央政府面临严重的威胁。汉武帝自幼受到儒学的熏陶，他认为儒家提倡忠君爱国、尊王攘夷的思想，有利于治理天下，于是采纳了儒生董仲舒的建议，推行"罢黜百家，独尊儒术"的政策，以儒家思想作为统治思想。

建立士人政府

儒学定为一尊后，汉武帝在长安兴建太学，设五经博士，传授《诗》、《书》、《礼》、《易》、《春秋》五部儒家经典。此外，在地方上选拔优秀青年为博士弟子员，跟随五经博士学习，并定期举行考试，成绩优异者可以得到官职。汉武帝又下令郡国每年察举孝子、廉吏各一人，推荐到中央任官。

自从汉武帝大量选拔儒生入仕后，政权不再由宗室和功臣垄断，政府官员中儒生的比重愈来愈大，宰相亦多由儒生担任，渐渐形成以读书人组成的"士人政府"。

汉武帝"罢黜百家，独尊儒术"，对巩固中央集权起了很大的作用。同时，儒学成为学校教育的主体，儒家思想备受推崇，成为汉以后二千年间的主流思想；儒家的纲常①名教成为政教的主要内容，对中国人深厚的伦理道德观念影响至为深远。

《诗》、《书》、《礼》、《易》、《春秋》书影

---

①儒家以"君臣、父子、夫妻"为王道之三纲，即"君为臣纲，父为子纲，夫为妻纲"，而以"仁、义、礼、智、信"为人伦之五常，概称"三纲五常"。

三、从善如流的唐太宗

想一想

1. 你知道是谁开创"贞观之治"的盛世吗？
2. "以人为鉴"是什么意思呢？

以身作则

唐太宗画像

唐太宗李世民（599-649）是一位出色的政治家和军事家，他在位23年间，懂得唯才是用，励精图治，开创中国历史上难得一见的盛世，人人安居乐业，家家夜不闭户，史称"贞观之治"。怎样才可创建繁华盛世呢？唐太宗认为君主必须以身作则，他说：

> 为君之道，必须先存百姓，若损百姓以奉其身，犹割股以啖腹，腹饱而身毙。若安天下，必须先正其身，未有身正而影曲，上治而下乱。

意思是说：作为一国之君，必须以人民为先。如果君主只求一己享乐，罔顾民生，就如同割股充饥一样，肚子是吃饱了，生命却奄奄一息。若要安定天下，就必须先端正其身，君主施政得当，体恤万民，自然不会发生叛乱了！

广纳谏言

唐太宗不仅严于律己，更深明广纳谏言的重要，认为这样才可以真正体察民情，施行合适的政策。唐太宗一向以虚心的态度接受谏言，他说：

> 每有谏言，纵不合朕心，朕亦不以为忤。

唐太宗能接纳群臣的建议，集思广益。据说有一次，唐太宗退朝回到后宫，怒气冲冲地说："我一定要把他杀了。"长孙皇后问道："皇上，你要杀谁？"唐太宗说："就是魏徵。这个村夫常常在殿上批评朕，叫朕颜面无存。"长孙皇后回答说："妾身为皇上感到骄傲！魏徵敢于直言进谏，是因为皇上英明，肯接纳臣子的建议。"太宗听后，转怒为喜，不仅没有杀魏徵，而且对魏徵更加器重。

魏徵画像

唐太宗这种善于纳谏的胸襟，形成一股开放的政风，使臣子勇于发表己见。这样，既能集思广益，合理施政，又能及时纠正缺失，改过迁善。

以人为鉴

谚语说："良药苦口，忠言逆耳。"有益于人的谏言往往不中听。可是，这些意见能令我们更了解自己的优点和缺点。唐太宗曾经这样说：

> 以铜为鉴，可正衣冠；以古为鉴，可知兴替；
> 以人为鉴，可知得失。魏徵殁，朕亡一镜矣！

唐太宗认为以铜作镜子，可以端正衣冠；用历史作镜子，可以知道天下兴亡和朝代更替的原因；以人作镜子，可以明白自己的得失。魏徵病死，唐太宗思念不已，叹惜自己失去了一面镜子。

很多人不愿意听取别人的批评或意见，只喜欢让别人顺从自己，赞扬自己。这时候，唐太宗"以人为鉴"的态度，可以为我们带来启示。俗语说："当局者迷，旁观者清。"很多时候，我们往往很难发现自己的短处或缺点，如有人能提出具建设性的建议，我们又能以广阔的胸襟接纳，有助于把事情处理得更好。

四、兼容并包的康熙帝

想一想

1. 你知道谁是中国历史上在位时间最长的皇帝吗？
2. 你能举出一部康熙帝下令编纂的图书吗？

擒拿鳌拜

康熙帝画像

康熙帝(1654—1722)是清朝定都北京后的第二代皇帝，在位共61年，是中国历史上在位时间最长的皇帝。时至今天，不少小说故事、电视连续剧或电影，都以康熙帝为题材，为他添上传奇的色彩。

康熙帝八岁时继承了皇位，由于年幼，朝政就由四位辅政大臣主持。其中，鳌拜在朝廷不断广树党羽，擅权专政，势力强大，而本人武功又十分了得。康熙知道，若想擒拿鳌拜，不能硬拼，只能智取。于是，康熙把自己伪装成一个贪玩的青年，天天和年轻的侍卫练习摔跤，不理政事。鳌拜看见这样子，渐渐放下了戒心。

有一天，康熙事先让侍卫做好准备，然后命人请鳌拜入宫。鳌拜大摇大摆而来，毫无防范，年轻的侍卫一拥而上，邀他摔跤，把他绊倒，捆绑起来。然后，康熙上朝宣布鳌拜结党营私、陷害贤臣、图谋不轨等罪行，将其终身软禁。

入乡随俗

满族入主中国之初，遭到汉族人民的反抗。康熙帝明白，不

《全唐诗》、《康熙字典》

能纯用压服的手段,单凭武力治理天下,更重要的是取得民心。于是,他推行一系列的"怀柔政策",如实施轻徭薄赋,礼贤下士,扩充科举等,以争取汉人的好感。

俗语说:"入乡随俗。"自从西汉实行"罢黜百家,独尊儒术"以来,儒学在中国政治思想上居于正统地位。因此,康熙帝也努力学习汉文化,弘扬儒术。他不仅研读《四书集注》、《尚书》、《周易》、《诗经》等,更亲自为孔子像行三跪九叩大礼,亲手书写"万世师表"四字赞誉孔子。康熙也下令编纂《全唐诗》、《古今图书集成》、《渊鉴类涵》、《康熙字典》等,推广中华文化。崇儒重道的国策为满汉文化的融合奠定了基础。

兼容并包

除了努力学习中华文化外,康熙帝也没有忽视渐渐传入中国的西方文化。康熙对西方自然科学有着浓厚的兴趣,他邀请传教士教导数学、天文、历法、物理、医学等西方科技,无问寒暑,孜孜不倦。

康熙帝作为满族的统治者,面对汉族文化和西方文化,他不但没有排斥,而且以兼容并包的态度学习,对中西文化更提出了不少新的见解。康熙曾经集合西方传教士和中国的学者,共同编制书籍,务求精益求精,融合中西文化的长处。

文化的蓬勃发展系于为政者兼容并包的胸襟。康熙的这种精神,很值得我们尊敬和学习。

五、制礼作乐的周公

1. 你知道成语"握发吐哺"的典故吗?
2. "五礼"是指什么呢?

握发吐哺

有时候,我们会用成语"握发吐哺"来比喻求贤心切。这个成语典故源于周公。周公生于距今约三千年前的商朝末年,姓姬名旦,是周文王的儿子,为人聪明能干,曾经协助哥哥武王打败商纣王,建立周朝。后

周公庙

来,武王病逝,年幼的成王继位,周公就肩负起辅助成王的责任。周公深明人才的重要,期望天下贤士能为朝廷所用。据说周公每次洗头发的时候,若碰上要紧的事情,就马上停下来,握着尚未梳理的头发处理公务;吃饭的时候,碰巧有贤士来,也会把来不及吞咽的饭菜吐出来,先接待他们。

可是,周公的弟弟管叔、蔡叔却到处散布流言,说周公打算谋害成王,篡夺王位。后来,他们更联同纣王的儿子武庚发动叛乱。周公率领大军东征,经过三年的作战,终于把叛乱平定了。

制礼作乐

周公平定叛乱后,推行了一系列的新政策,希望可以巩固国家的政权。其中,"制礼作乐"对后世影响至为深远。

制礼作乐的周公

周公积极推行礼乐教化制度，因为礼是行为道德的规范，而乐能调和性情、移风易俗，二者皆可用以教化人民，使社会安定祥和。"制礼作乐"的内容广泛，以礼俗为例，周人分为吉、凶、宾、军、嘉五礼。吉礼是指祀奉祖先之礼，凶礼是指丧葬之礼，宾礼是臣子上朝谒见君主之礼，军礼是行军训练之礼，嘉礼是指饮食、宾射、飨宴、贺庆等礼节。这些礼乐制度，使人民能按照尊卑、亲疏、贵贱、长幼的差别行事，从而稳定政治和社会的秩序。

到了春秋战国时代，礼乐教化趋向衰微。孔子生当春秋末年，极力主张"克己复礼"，恢复礼乐文化，并为礼乐教化增添了新的内容。后人合为"周孔之教"，就是这个缘故。

尽忠职守

据说武王病危时，曾经想将皇位传给周公，周公毅然拒绝，并许下诺言，协助年幼的成王管治国家。由平定内乱至制礼作乐，都反映了周公恪守承诺，竭尽所能辅助成王。虽然在辅政期间，周公遇上不少的困难，但他没有放弃，依然尽忠职守。其后，成王及康王在周公所奠定的基础上，精心经营，缔造了西周"成康之治"的盛世。

周公不贪恋权位，只尽责当一名宰辅，他协助成王治理国家的无私精神，一直为后人赞颂。

周公这种鞠躬尽瘁、尽忠职守的精神，给我们带来什么启示呢？其实，在社会上，每个人都有自己的岗位，最重要是做好自己的本分，便是有用的人了。例如：我们参加学生会、班会，不一定要当上主席，其他职位，如文书、总务，虽然只是辅佐的角色，同样非常重要，通过相互合作，团结一致，往往能够发挥更佳的效率，把事情做得更好。

周公画像

六、帝王之师——张良

想一想

1. 张良曾经协助谁夺取天下？
2. 孔子说："小不忍，则乱大谋。"这是什么意思呢？

孺子可教

试想想，如果你走在街上，忽然有一个老人家很不客气地说："我掉了鞋子，你替我穿上。"你会不会帮助这位老人家呢？

据说有一天，张良看见桥边坐着一个身穿黄色衣服的老人。那老人看见张良走过来，故意把鞋子扔到桥下，并且很不客气地说："小伙子，下去把鞋子捡来。"

张良为老人穿鞋

张良听了有点不高兴，但见他年纪老迈，便忍住了气，下桥把鞋捡上来。正当他要把鞋交还老人的时候，却又听到老人说："替我穿上。"张良心中气愤，可是最后还是为老人穿上鞋。

老人缓缓点了点头，说道："孺子可教。五天后，你到这里来见我。"说完便转身走了。五天后，张良来到桥上，谁知道老人已经先到了。老人说："你迟到了，五天后再来这里吧！"转眼又过了五天，张良匆匆赶到桥边，可是，老人已经在桥上了。老人生气地说："你又迟到了，五天后再来吧！"

张良吸取了前两次的教训，半夜就到桥头等候。老人见了，满心欢喜，便从怀里取出一本名为《太公兵法》的书交给张良说："好好阅读此书，它能帮助你成为帝王之师。"说罢便飘然而去。此后，张良努力钻研《太公兵法》，反复揣摩，终于精通各种谋略。

帝王之师

汉高祖刘邦曾经这样称赞张良：

> 夫运筹帷幄之中，决胜千里之外，吾不如子房。

秦末天下大乱，刘邦与项羽起兵反秦，张良成为刘邦的首席谋臣。俗语说："你有张良计，我有过墙梯。"张良凭着他的聪明睿智，往往能洞悉先机，采用正确的策略，帮助刘邦决战决胜，夺取天下。

运筹帷幄图

张良更时刻注意规谏刘邦，匡正立国之道。据说刘邦攻破秦朝首都咸阳时，被宫中的美女和珍宝所迷惑，只想留在秦宫中享乐，不理会其他将领的劝喻。张良看见了，便严正地说道："你知道为什么秦朝会覆亡吗？就是因为秦皇好大喜功，迷恋美色，致使民怨四起。如果您才进秦宫，就迷失在繁华声色之中，岂不令天下人失望？"刘邦听后，省悟过来，财物无所取，美女不接近。后来，在张良等人的辅助下，刘邦终于打败项羽，建立了汉朝。

小不忍，则乱大谋

张良能够成为帝王之师，《太公兵法》可以说是居功不少。可是，为什么老人不直接把兵书送给张良呢？宋代文人苏轼这样说："以为子房才有余，而忧其度量之不足，故深折其少年刚锐之气，使之忍小忿而就大谋。"原来，老人认为张良是可造之材，但恐怕他年少气盛，难成大事，所以，老人要先考验一下他的品性。结果，张良凭着忍让之心而取得兵书，最后更建立一番功业。

这种"忍"的品行，正是儒家文化中所倡导的。孔子说："巧言乱德。小不忍，则乱大谋。"有的人，遇到不平事，特别是侵犯自己时，因一时之气，诉诸武力。其实，这是不能解决问题的，我们应该学习"忍"的真谛。处事的时候，"忍"能决断大事；待人的时候，"忍"能与人为善。

七、鞠躬尽瘁的诸葛亮

想一想

1. 你听说过刘备三顾草庐的故事吗？
2. 你知道谁是"扶不起来的阿斗"吗？

智慧化身

一提起诸葛亮（181—234）的名字，人们就会将他与"智慧"联结在一起。的确，在诸葛亮的一生中，智谋轶事、"锦囊妙计"不胜枚举，如"草船借箭"、"三气周瑜"、"空城计"等，家喻户晓，使人拍案叫绝。

"草船借箭"讲的是在著名的赤壁之战前夕，东吴大都督周瑜因妒忌诸葛亮的才能，想找个机会除掉他。有一天，周瑜对

草船借箭

诸葛亮说："军中的箭不够用，请先生在十天内造十万枝箭。"这根本是天方夜谭。岂料诸葛亮却回答说："十天太多了，三天之内，我就可以交出十万枝箭。"并立下军令状："三日不办，甘当重罚。"

于是，诸葛亮准备了20只船，各船载有30多个士兵，船的两旁放满一捆捆稻草，并用布幔盖着。到了第三天的深夜，江上忽然大雾弥漫。诸葛亮率领船队向曹操的军营驶去。曹操听见战鼓雷鸣，人声鼎沸，因重雾锁江，怕有埋伏而不敢出击，便下令弓箭手不断向江中射箭，希望挡住敌军。太阳出来了，雾渐渐散去，诸葛亮下令收队。大家一看，船上的稻草已经插满了密密麻麻的箭，有十多万枝呢！周瑜知道诸葛亮的妙计后，叹息道："诸葛亮的确比我高明！"原来，诸葛亮精通气象学，他早已料定这一天夜里有大雾。

千百年来，民间传说把诸葛亮塑造成智慧的化身，加上罗贯中在《三国演义》中的形象塑造，他的神机妙算，深为人们的赞叹。

筹策三分

历史上真实的诸葛亮，也确实是德才兼备的人。唐代大诗人杜甫对诸葛亮极为钦佩，多次写到诸葛亮，其中有一首诗是这样的：

诸葛大名垂宇宙，宗臣遗像肃清高。
三分割据纡筹策，万古云霄一羽毛。
伯仲之间见伊吕，指挥若定失萧曹。
运移汉祚终难复，志决身歼军务劳。

诸葛亮

诗人高度赞扬了诸葛亮的聪明才智和高尚品德。

诸葛亮，字孔明，号卧龙先生，是三国时期著名的政治家、军事家。他自幼失去父母，由叔父抚养成人。长大后，在荆州襄阳郊外的隆中结草庐而居。后来，刘备三顾草庐，请诸葛亮出山相助。诸葛亮感念刘备的诚意，慨然应允。在著名的"隆中对"中，为刘备分析当时的形势，定下三分天下之策，即联合东吴的孙权，共同对付北方的曹操，占领荆州和益州作基地。后来，时局基本上循着隆中对策发展，诸葛亮辅佐刘备取得荆州和益州，与曹魏、孙吴三分天下，建立了蜀汉政权。

"三分割据纡筹策"，说的就是以上的历史事实。

恪守诺言

诸葛亮虽然未能完全复兴汉室，但他"鞠躬尽瘁，死而后已"的精神，一直为后人所景仰。为什么诸葛亮会如此尽忠职守呢？

原来，这是源于一个诺言。据说刘备临死时，召诸葛亮吩咐道："你的才能胜过曹丕十倍，必能协助稚子兴复汉室。如果我的儿子值得辅佐，请多费心；若是不才，你可以取而代之。"诸葛亮回答说："臣一定竭力尽忠扶助新君，至死不渝！"结果，诸葛亮穷一生的心血，尽力匡扶后主刘禅。尽管刘禅资质平庸，是"扶不起来的阿斗（刘禅的乳名）"，诸葛亮仍然遵守诺言，鞠躬尽瘁，死而后已。

信守承诺不单是对别人负责，同时也是一个人的立身之本，这一点我们应该时刻谨记。

八、义薄云天的关云长

1. 为什么关羽的脸是红色的？
2. 怎样才可以称之为有"义气"呢？

红脸关公

三国名将关羽，字云长，是个家喻户晓、备受敬仰的人物，人们尊称他为"关公"、"关帝爷"或"关圣帝君"。可你知道为什么关羽的形象是丹凤眼、卧蚕眉、面如重枣吗？

话说关羽年轻的时候，力气很大，但脾气暴躁。一次因为打抱不平，出了人命，官兵到处捉拿他。关羽跑到一片红枣林里，看管枣林的老人家说道："小伙子，你愿意不愿意帮我看管枣林呢？这样，你就可以避开官兵的追捕了。"关羽高兴地答应了。

关羽画像

俗语说："靠山吃山，靠水吃水。"关羽每天都吃红枣、喝红枣水，甚至用红色的河水洗脸。天天如此，最后关羽的脸就变红了！关羽恐怕有人偷窃红枣，因此，他睡觉的时候，眼睛总是半睁半闭，似睡非睡。日子长了，就变成了丹凤眼和卧蚕眉，眼睛眯成一条线。自此以后，关羽的脸相就成了这个样子。

仗义护嫂

关羽身手敏捷，武功了得。他在桃园与刘备、张飞结义，三人共誓："不求同年同月同日生，只愿同年同月同日死。"综观关羽一生，他确实坚守着这份兄弟情义，不为美色所动，不为财物引诱。古书说道：

> 威倾三国著英豪，一宅分居义气高；
> 奸相枉将虚礼待，岂知关羽不降曹。

有一次，刘备被曹操打败，关羽为保全刘备的家眷，权且归顺了曹操。曹操敬重关羽为人忠义守礼，一心要将他收为己用。为了离间关羽和刘备的关系，曹操故意安排关羽与两位嫂嫂同院而居。关羽洞悉曹操的居心，他半步也不踏入嫂嫂卧室，挑灯按剑，夜读《春秋》。曹操闻报后，深受感动。曹操又命人挑选最好的锦缎，缝制一件战袍送给关羽，岂料关羽总是把新战袍穿在里面，而把刘备送给他的绿袍穿在外面。曹操一脸疑惑。关羽解释道："这件绿袍虽然比较旧，但它是刘皇叔（即刘备）送给我的。我穿着它，看见它，就好像看见兄弟一样，不会忘记我们的誓言和情谊。"曹操听后，怅然若失。其后，曹操对关羽仍然优礼有加，极尽笼络之能事，可是都不成功。

享祀千秋

自古以来，歌颂关羽的文字不计其数，如"身在曹营心在汉，功同日月义同天"、"英雄有几称夫子，忠义惟公号帝君"等。关羽与刘备、张飞的结盟就是一个"义"字。"关公庙宇遍天下，五洲无处不焚香"，关公的"义"打动了平民百姓的心灵，无论在茶楼、居所、庙宇等地，我们都不难找到关公的供奉像。

究竟什么行为才符合"义"呢？古人说："义者，宜也。"又说："行而宜之之谓义。"原来，义是解作适宜、正当的行为。人们从关羽身上发现了"义"，并以此作为行为准则和规范。

今天，"义"已经成为一种交友之道，意思是说对朋友亲如手足，休戚相关。当朋友遇上困难时，会互相扶持和鼓励；当朋友误入歧途时，会帮助他改过迁善。

关帝庙

九、先忧后乐的范仲淹

想一想

1. 你知道谁有"儒臣典范"之称吗?
2. "先天下之忧而忧,后天下之乐而乐"是什么意思?

少怀壮志

范仲淹,字希文,是北宋杰出的政治家和文学家。他曾经写下一首诗,题为《蚊》:

饱似樱桃重,饥如柳絮轻。
但知求朝暮,休更问前程。

诗中首二句写出蚊子吸饱血时,身体如樱桃浑圆多汁,饥饿时则如柳絮般轻盈;后二句写蚊子平常只想着吸血,不问前程。诗人欲通过蚊子的生活,讽刺那些无所事事,但求饱腹的庸人。

范仲淹画像

范仲淹小时候已经立下宏愿,要帮助天下百姓,改善民生。为了达成目标,范仲淹经常挑灯苦读。冬夜读书倦怠时,就用冷水浇脸,驱除睡意。那时候,由于生活贫穷,范仲淹只能以稀粥充饥,常常吃不饱。

面对如此艰辛的生活,范仲淹并没有放弃自己的理想,经过多年的寒窗苦读,他终于通过科举考试,出将入相,为国家作出贡献。

锐意改革

北宋时,京师盛传"朝廷无忧有范君,京师无事有希文"的佳话。范仲淹认为为官者,要以天下为己任,一切以百姓为先,不可自私自利。他眼见北宋政治渐趋腐败,于是提出一系列的政治改革措施：制定官吏升降制度，整治军备，兴修水利，鼓励农耕，减轻徭役等，史称为"庆历变法"。

范仲淹为了澄清吏治，亲自整理全国官员名单，将那些任事不力的朝廷官员一一勾除，委任新官员上任。这做法引起不少官员的非议，有个官员说道："你挥笔勾去一些庸员，自然容易得很。可是，这些被勾去的人一家可都要哭了。"范仲淹听了，愤慨地说："一家哭总比全国百姓哭好啊！"范仲淹锐意改革，认为不要因个人的利益而忘记天下民生的苦难。

先忧后乐

先天下之忧而忧，后天下之乐而乐。

这句名言出自范仲淹的《岳阳楼记》，意思是说为官者在人民感觉到祸患出现之前，自己替他们担忧；在人民得到快乐之后，自己才快乐。这两句话概括了范仲淹一生所坚持的为人原则。政治上，范仲淹推行一系列改革，为国家培育人才；生活上，他治家严谨，衣食俭朴，而对贫穷的百姓，则推己及人，改善民生。这种超越个人忧乐的精神，一直为后人所推崇，范仲淹也因此被推为"儒臣典范"。

今天不少人喜欢从"自我"的角度待人接物，器度小、计较多，只懂得要求别人为自己付出。例如：父母含辛茹苦地养育子女，不少人不仅不懂得感恩，有时候还会责怪父母未能提供丰富的物质生活。其实，人类过的是群体生活，如果要建立和谐的人际关系，就不能以"自我"为中心，而应学习分担他人的忧戚，顾及他人的感受。

岳阳楼内《岳阳楼记》全文木雕屏风

十、精忠报国的岳飞

想一想

1. 秦桧是用什么罪名杀害岳飞的？
2. 你认同岳飞的忠君行为吗？为什么？

鹏程万里

由南宋开始，便有不少人写诗撰文纪念岳飞。陆游有诗曰：

公卿有党排宗泽，帷幄无人用岳飞。
遗老不应知此恨，亦逢汉节解沾衣。

诗人慨叹岳飞不为朝廷重用，其后更蒙受"莫须有"的罪名。

岳飞为南宋抗金名将，曾经为朝廷立下不少汗马功劳。他幼年时，已立下宏愿要报效国家。

据说岳飞出生的那一天，有一支大鹏从东南飞来，落在他们家屋顶上鸣叫。岳飞的父亲

岳飞塑像

感到惊讶，认为这是个吉兆，就给婴儿取名为"飞"，字"鹏举"，期望他日后能鹏程万里，贡献国家。

岳飞自幼天资聪敏，不论是习武修文，都取得骄人成绩。有一天，岳飞的父亲问道："如果日后你有施展才能的机会，你会不会为国捐躯呢？"岳飞毫不犹疑地回答："只要父亲支持，我一定勇敢地面对。"父亲高兴地说："太好了！我有这样的儿子，还有什么值得忧虑呢！"传说岳飞的母亲在他的背上刺上"精忠报国"四字，鼓励他要竭心尽力，报效国家。

撼山易，撼岳家军难

岳飞二十四岁那年，即公元1127年，北边女真族建立的金国起兵南下，灭了北宋；宋高宗赵构建立南宋，定都东南的临安（今浙江杭州）。岳飞在北宋末年从军。及至南宋初年，岳飞在抗金战争中奋勇作战，屡立大功，成为一员统兵大将，并训练出一支英勇善战、纪律严明的"岳家军"。金兵一听到"岳家军"的名字，或望见"岳家军"的旗号就害怕，哀叹："撼山易，撼岳家军难。"

公元1141年，金将兀术再次大举南侵，岳飞迎击于郾城（在今河南省），大破其主力骑兵拐子马，取得郾城大捷。岳飞率领大军乘胜追击，收复了不少失地。他激励将士说："我们当直捣黄龙府（指金国的大本营），再与大家痛饮一番！"

"莫须有"冤狱

正当岳飞节节胜利之际，宰相秦桧串通其他大臣唆使高宗下令岳飞班师回朝，岳飞说道："现在天时地利人和，皆有利于我军，怎可以退兵呢？"岳飞拒绝执行。可恨的是，秦桧并不罢休，怂恿高宗一连发出十二道金牌，催促岳飞退兵。岳飞迫于无奈，只得退兵。不久，已经收复的土地，又被金兵占领。岳飞回朝后，被削去兵权，以"莫须有"的罪名被杀害。

是不是"愚忠"

"莫须有"三字，使一代抗金名将含冤而死，后人痛心不已。千百年来，"精忠报国"的精神，触动了不少人的心灵，对岳飞充满景仰之情。

古时候，君主被视为"天下苍生父母"。古语说："皇命不可违"、"君要臣死，臣不死不忠"。岳飞幼年的时候，就深受这种忠君思想的影响。因此，尽管他希望北定中原，但在"忠君"思想的支配下，也只好班师而还。

对于岳飞的"忠君"，有人给予赞许；也有人批评这是"愚忠"，认为岳飞不必听从诏令，枉自送死。你又有什么看法呢？

中华文化的传承

单元七

学术思想

一、百家争鸣
二、万世师表
三、"亚圣"孟子
四、老子的"无为"
五、庄子的超然物外
六、墨子主张"兼爱""非攻"
七、韩非子集法家之大成
八、董仲舒的"天人感应"说
九、理学集大成者朱熹
十、新文化运动

一、百家争鸣

1. 你能说出"九流十家"中影响较大的是哪四家吗?
2. 为什么说春秋战国时代是我国学术思想发展的黄金时代?

管鲍之交

春秋初期,管仲和鲍叔牙从小就是好朋友。当时,齐国发生内乱,公子纠和公子小白争夺齐国君主之位。管仲协助公子纠,鲍叔牙则协助公子小白。管仲想杀掉公子小白,让公子纠能顺利当上国王,可是管仲在暗算公子小白的时候,把箭射偏了。后来,公子小白当上了齐国的国王,是为齐桓公。他有意封鲍叔牙为宰相,鲍叔牙却对他说:"管仲各方面的能力都比我强,是一个不可多得的人才,应该请他来当宰相才对呀!"

齐桓公说:"管仲要杀我,是我的仇人,你居然叫我请他来当宰相!"

鲍叔牙却说:"这不能怪他,只不过是各为其主罢了。"

齐桓公听从鲍叔牙的建议,捐弃前嫌,请管仲回来当宰相,而管仲也真的帮齐桓公把齐国治理得井井有条。管仲病重临终时向齐桓公推荐了一位叫隰朋的大臣继承他的职位,有人便在鲍叔牙面前挑拨说:"你待管仲恩重如山,可他临死都不报答你这一份情,这人太薄情寡义了。"鲍叔牙却笑着说:"这才见得管仲对齐国的忠诚呢。他知道我不合相辅的资格,这是以国事为重呀。"当晚,鲍叔牙带着管仲小时候喜欢吃的点心去探望他,管仲用微弱的声音断断续续地说:"生我者父母,知我者鲍子。"成语"管鲍之交"的典故就是出自这里,后人称管仲和鲍叔牙的交情为天下第一朋友之情。

九流十家

春秋时期,周天子地位下降,诸侯权力日盛。各诸侯务求扩张自己的势力,都想招揽人才,齐桓公把曾想杀死自己的管仲收为己用,大概就是认为他有才干。有才干的人一经赏识,便可以成为大臣,所以聪明才智之士便周游列国,凭自己的主张游说诸侯,希望获得采用,于是出现百家争鸣的时代。加上平民教育兴起,学在官府的传统被打破,由官家世代掌管的典籍散落民间,私人讲学风气日盛,人才不断涌现。当时,诸侯各自为政,对于思想言论,放任自由,鼓励不同学派抒发治国济世的思想,乐于兼听。又适逢都市兴起,各国的都城,既为政治中心,也为经济、文化中心,聚集了各种人才,于是促进了学术争鸣与思想交流。在这样的背景下,各派各家的思想得以充分发展。

礼贤下士

坐而论道

春秋战国的学派很多,著名的有所谓"九流十家"。"九流"即九个派别:儒、道、墨、法、阴阳、名、纵横、农、杂;九流之外再加上小说家,便成为"十家"。当中最重要的是儒、道、墨、法四家。

思想自由

春秋战国时代,思想言论自由,诸子百家争鸣,乃是我国学术思想发展的黄金时代。当时,各种学说纷纷涌现,君主对思想言论没有抑制,可以自由发表,互相辩论,因而在这个时代,出现了中国具有极大影响力的思想家,如孔子、孟子、老子、庄子、墨子、韩非子等,他们都是春秋战国时期的人,共同造就了中国文化思想灿烂的局面。

二、万世师表

1. 你知道"仁"是什么意思吗？
2. 为什么后人尊奉孔子为"圣人"？

苛政猛于虎

有一天，孔子经过泰山，看到一个妇女在坟墓前放声痛哭。孔子说："子路，你过去看看发生了什么事情。"子路便走过去问个究竟，妇女哭着回答："我的公公、丈夫和儿子都先后被老虎吃掉了。"孔子深感同情，问道："那么，为什么你不离开这个可怕的地方呢？"妇女回答说："因为这里没有苛刻残酷的政治。"孔子听说后，十分慨叹，对他的弟子说："你们要谨记，对老百姓来说，苛刻的政治比老虎还可怕。知道吗？"

面对春秋末期社会动荡不安的局面，孔子提出"仁"的学说。何谓"仁"呢？孔子曰："爱人"，即要求人人以真情和爱心关怀他人，尊重他人，由亲及疏、由上及下，建立和谐的关系。孔子认为，如果君主能以人民之乐为乐，以人民之忧为忧，懂得重礼乐教化、轻刑罚以治理天下，这样自然可以使民心归顺、国家富强。

注重礼教

孔子（前551—前479）名丘，字仲尼，春秋时期鲁国人。

孔子小时候喜欢模仿大人拜祭鬼神，用泥土和野生花果做成祭品，练习行礼。长大后，他在鲁国曾经担任过小职员，负责看管仓库；也曾短期内担任较高的职务——司寇，负责社会治安。

后来，孔子开始授徒讲学，成为私学的创始者，先后有弟子约三千人。孔子为了宣扬自己的学说，曾经和他的学生周游列国十四年，但是得不到各国君主的赏识。返回鲁国时，孔子已经六十八岁了。他决定专心从事教育工作，并整理删定了《诗》、《书》、《礼》、《乐》、《易》、《春秋》等书，后人称为"六经"。

由孔子创立的儒家学说，后来成为对中国文化影响最大的学派之一；记载孔子言行的《论语》，则被后世奉为经典。

孔子画像

万世师表

孔子是中国古代伟大的思想家和教育家，他说过很多至理名言，今天我们仍然把它们视为修身处世的格言，如"克己复礼为仁"、"己所不欲，勿施于人"、"有教无类"、"学而不厌，诲人不倦"、"三人行，必有我师"、"欲速则不达"、"工欲善其事，必先利其器"等。后人盛赞孔子为"千秋仁义之师，万世人伦之表"，尊奉他为"至圣先师"。

孔子教导学生遇上疑难时，要勇于发问，不必感到羞耻，他说："敏而好学，不耻下问。"意思是说：聪敏灵活而爱好学习，谦虚下问而不以为耻。这种"不耻下问"的精神是很值得我们学习的。

今天，有不少年轻人会怀疑自己的才能，缺乏自信心，放弃学业。孔子曾经这样说：

> 后生可畏，焉知来者之不如今也？

孔子认为年轻人是不可以小看的，因为没有人敢断定他们将来的成就不如现在的人。因此，我们不要轻视自己，而应勤奋好学，拓宽视野，丰富自己，创造美好的前程。

三、"亚圣"孟子

1. 你知道为什么孟子有"亚圣"之称吗?
2. 你认为人性是善的、恶的,还是有善有恶的,抑或是无善无恶的呢?

人性和流水

战国时期,有一次,孟子和告子进行辩论:

告子说:"人性就像流水:决口在东方,就向东流;决口在西方,则向西流。也就是说人性无分善恶,好像流水无分东西一样。"

这就是告子的主张:人性是无善无恶的。他把人性的自然属性一面看成人性的全部内容,混淆人与动物在本质上的分别。

但孟子却说:"流水无分东西,但连上下也不分吗?人是性善的,就好像水向下流;人没有不是性善的,就好像水没有不向下流的一样。"

这是孟子的"性善说"。孟子既看到人性的自然属性一面,也看到社会环境、人文教化对人性善恶的影响。

人性本善

告子说:"食、色,性也。"意思是,人先天有食欲和性欲要求,这是人性。告子这样说当然有他的道理。孟子其实也同意动物本能是人先天便存在的特点。人当然有动物本能,人当中自然有行恶的人,这些都是事实,但孟子更强调的是人应该如何使自己向善,因为人性本善,只要加以扩充,自然能够为善。

孟子的主张是"人可以行善","人应该行善"。孟子关心的不是人的动物本能是什么,他也不否认人有动物本能,但认为人的动物本能不是最重要的,人最应关心的是如何行善的问题。所以孟子不用动物本能作为人性的代表，不赞成告子的主张，而是强调自己主张的"人性本善"。因为人是性善的，人才会行善，人才会做一个好人，人的品德才会得到提高。孟子主张人应把人性的光辉发挥出来，提升自己的品德，做一个堂堂正正的人。他是以仁、义、礼、智的人性善端作为人的本质，而以取义成仁为人的最高价值追求来实现善性的完美。宋朝人编的《三字经》，开头就是"人之初，性本善"。

承传孔子学说

孟子把孔子的"仁"观念发展为"仁政"学说；阐述了儒家重民心的思想，并且提出"民贵君轻"之说，劝告统治者重视人民。

孟子所处的战国时期，社会秩序较孔子所处的春秋时期更加混乱，学术思想派别也多。孟子要发扬孔子的思想，要面对很多挑战的对手，并展开辩论，但也正由于激烈的辩论，使儒家学说得到进一步弘扬。

中国文化以儒家思想为主导。孔子确立了儒家思想体系，有"圣人"之称，但使孔子的学说成为主流，则很大原因是孟子继承了孔子的学说，并在理论方面展开了多方面的阐述，为儒家思想提供了理论根据。在儒学学术史上，孟子的地位仅次于孔子，赢得了"亚圣"的称誉，后世以"孔孟"并称。

圣人孔子

亚圣孟子

四、老子的"无为"

想一想

1. 你知道什么是"无为"的思想吗？
2. 你认为怎样的人生态度才是可取的？

"有为"和"无为"

老子雕像

老子是一个神秘人物①，我们现在所说的老子思想，是根据《老子》(即《道德经》)一书而来的。

"无为"是老子思想中一个最重要的部分，有些人以为"无为"等于什么都不做，其实这样的看法是不正确的。老子的"无为"思想，是要我们去掉那些牢固的自以为"有用"的观念，让我们看见事物更真实的一面。只要我们放弃"有为"的追求，便能达到"无为而大为"的境界。

为什么老子要说"无为"？因为他看见春秋战国时的老百姓都生活在痛苦之中，他想为人们减轻痛苦，所以首先要找到痛苦的根源。老子认为痛苦的根源是人太过"有为"，总是想做一些自己认为很重要的事，其实这些事并不如想象中那么重要。

"有为"便有痛苦，若要减少痛苦，便要"无为"，不要执著于一些自以为有用和有意义的事情。"无为"并不是什么都不做、没有动机地去做，而是不妄做、不执著结果去做；更确切地说，是遵循自然法则而做。

---

①老子的生平事迹在史籍上没有确切的记载。相传他姓李名耳，为春秋时代楚国人；曾任东周的史官，晚年退隐，所著《老子》一书，亦称《道德经》。

大树的故事

同是道家代表人物的庄子,曾多次引用大树的譬喻,说明"无用之用"的意义:大树无所用,所以得享天年,不遭砍伐。从某种意义来说,正是《老子》"无为而无不为"的另一种表述。庄子是这样说明事物"有用"和"无用"的道理的:一个木匠带领一班学生路过一个村落,看见有棵大树,树下有很多人在乘凉,这棵树庇荫着村民。木匠没有多看一眼便走过去了。学生们很奇怪,问老师为什么这么大的木材也不仔细看看,可能它很有用呢。老师解释说,一看便知道这棵树的木材是没有用的;如果这棵树是有用的木材,它早已不存在了,哪会长成这么大,给人庇荫?就是因为它没有什么用场,所以才会长得这么大,才可以长寿,才可以给村民庇荫。这个道理正是老子"无为而无不为"的最好注脚。

人们在大树下乘凉

尊重自然法则

老子认为如果我们能够顺从自然规律办事,则天下没有什么事情是做不好的。他很明确地说,要想明白天下事物的成因、原理,要想认识客观规律,就必须认真归纳思考,如此才能做到见一知百、触类旁通。天下事的道理虽然千千万万,但归根结底,一切都要按照自然规律办事,而不能自行其是,如此即可达到"无为而无不为"的境界。

老子的学说以尊重自然法则为核心精神。春秋战国之际,战争频仍,社会动荡,人民盼望能安居乐业,老子所提倡的"无为",正是当时治理天下的方法之一。

老子和孔子的学说,一隐一显,成为中国学术思想的两大主流。

五、庄子的超然物外

想一想

1. "老庄"是一个人的名字,还是两个人的并称?
2. 你能说出庄子学说中一个有趣的故事吗?

知鱼之乐

有一次,庄子和惠施在濠水的桥上走过。

庄子说:"鱼儿从从容容地游来游去,真是快乐啊!"

惠施说:"你不是鱼,怎会知道鱼儿快乐呢?"

庄子说:"你不是我,你怎会知道我不知道鱼儿的快乐呢?"

惠施说:"我不是你,自然不知道你;同样,你也不是鱼,你自然也不会知道鱼儿的快乐。"

知鱼之乐

庄子说:"我们还是从开始那儿说起。当你说'你怎会知道鱼儿快乐'时,就已经知道我是知道的,所以才会这样问我。其实我先前在桥上的时候已经知道了。"

诡辩有术

大家应该听过以上的辩论吧。惠施和庄子的讨论很有意思,惠施的论证是这样的:

论证一

大前提:惠施不是庄子。

小前提:不是庄子,不会知道庄子的感受。

结　论:惠施不知道庄子的感受。

论证二

大前提：庄子不是鱼儿。

小前提：不是鱼儿，不会知道鱼儿的感受。

结　论：庄子不知道鱼儿的感受。

如果论证一有效，则论证二也有效。

惠施用的是"三段论"的论证方法，思路很有逻辑，庄子在这方面说不过他。所以庄子最后运用了诡辩的方法，指出其实在讨论一开始，惠施便已知道他的感受才会这样问，这说明了惠施是知道庄子感受的，只是不知道他怎样得知。

物我之间

从上述的对话中，我们也可发现，在庄子的思辨哲学中，对相对事物或现象的普遍关注，以及对相对事物之间的依存关系有深刻的理解。换个角度来说，对任何事物的认识及判断，都要求全面，不能片面。庄子认为只要我们不囿于自己的眼界，打破物我之间的界限，就能够更清楚地认识个人和大自然之间的关系。例如我们看见一棵松树，在人与物的对立状态下，只会看到它是一棵树，而我只是一个观察者。但当我们放弃了这种对立状态时，便会发现我

庄子画像

们和这棵树是在同一个世界中的，而不是对立的。当你在这种浑然忘我的境界中来欣赏这棵树的美态时，你便进入了庄子"知鱼之乐"的境界了。

今天的社会，人们比较注重科学知识，凡事分为研究对象和研究者，人和世界处于对立的关系，因此忽略了人和人、人和世界本来就具有的和谐关系，使人与人之间造成隔膜。我们是不是也可以学庄子那样，超越物我之间的关系来看待万事万物呢？

六、墨子主张"兼爱""非攻"

1. 你知道"非攻"是什么意思吗?
2. 你认为怎样才可以实践不分亲疏的"兼爱"?

止楚攻宋

春秋末年,诸侯相互攻伐兼并,墨子主张"非攻",希望各国能够放弃战争。有一年,楚国打算攻打宋国,墨子听到这个消息,就急忙地亲自跑到楚国去,力图制止战争的爆发。一路上,墨子没有停下来休息,跑得脚底起了泡,出了血,他唯有把自己的衣服撕下裹着脚走。这样奔走了十天十夜,终于来到楚国的京城。

墨子游说楚王不要攻打宋国

在楚惠王面前,墨子问道:"假设现在有一个人,不要豪华的车子,却想偷邻居的破车子;不要华丽的衣服,却想偷邻家破旧的衣物;不要米、肉,却想偷别人的酒渣粗食。这是什么原因呢?"楚惠王回答:"我认为这个人一定是生了偷摸病了。"墨子回应说:"楚国方圆五千里,物产丰富;宋国土地不过五百里,土地贫瘠,缺乏物产。大王派兵攻打弱小的宋国,岂不是和那些患有偷摸病的人一样吗?如果大王发动这场战争,是得不到任何好处的。"经过墨子锲而不舍的游说,楚惠王终于放弃攻打宋国。

热心救世

墨子名翟(约前476—约前390年),春秋时鲁国人。他出身下层社会,据古籍记载,是与鲁班齐名的工匠,技术相当高明。他制造的木鸢,能在空中飞翔三天而不落[①]。墨子不仅手工艺精湛,

---

[①] 见《淮南子·齐俗训》。

而且喜欢做学问，庄子曾称赞他"好学而博"。他的学说①，是比较扎根于社会现实的。《墨子》一书，是在墨子死后由他的弟子辑成的，记录了墨子的言论、思想和行事。

墨子生活十分刻苦，为了实现自己"兴万民之利"的政治主张而周游列国，上说下教，急世之所急。有人对他说："现在天下的人，都不肯行义，而你偏偏东奔西跑去宣扬自己的学说。你还是停下来，休息一会吧。"墨子回应说："假设一个人有十个儿子，只有一个儿子去耕种，其余九人只会坐享其成，那么，这个儿子就要更努力地耕种，才可以养活家人。现在，既然没有人去行义，你应该鼓励我去行义，怎么反而阻止我呢？"由此可知，墨子是一个热心救世的实践家，为了实现自己的理想，"赴汤蹈火，死不旋踵"。这种"摩顶放踵，利天下为之"的崇高人格，深为世人钦佩。

博爱精神

"团结互助，兼爱天下"是墨子做人的准则。他认为国与国之间互相攻打，家与家之间互相争斗，人与人之间互相残害，都是因为人们不相爱而引起的。因此，墨子主张"兼爱"，有力的要以力助人，有财的以财济人，不分亲疏上下、高低贵贱。这种主张，近乎我们所说的"博爱"。墨子主张"兼爱""非攻"，鼓励人与人互爱互利，反对互相攻打，吸引很多弟子跟随。当时，儒家与墨家同被称为"显学"，是影响很大的学派。

墨子的学说，内容丰富精辟，其中尤以博爱精神与反战思想，价值是永恒的。今天，国与国之间互相猜疑，引起不少本可避免的战争。墨子主张的"兼爱"、"非攻"，不是可以给人们带来启示吗？

无分彼此，互助互爱

---

①墨子有十大主张：尚贤、尚同、节用、节葬、非乐、非命、兼爱、非攻、天志、明鬼。

七、韩非子集法家之大成

1. 为什么说韩非子是法家思想的集大成者？
2. 为什么法家学说能得到君主格外的垂青呢？

为李斯所害

韩非（约前280—前233年），生于韩国，贵族出身。他有口吃的毛病，但文章写得很好，与李斯同为荀子的学生。当时，韩国弱小，饱受秦国的欺凌。韩非屡次上书给韩王，提出变法图强的主张，但不被接纳，韩王更讥笑说："你连话都说得含糊不清，还会有什么治国妙策呢？"韩非很气愤，决定著书立说，阐述自己的思想。后来，他的作品流传到秦国，秦王政（后来的秦始皇）阅览后，赞叹不已，说："我如果能见到这位学者，

韩非子上书韩王

和他交游谈论，便可死而无憾了！"不久，韩非作为韩国使臣来到秦国，秦王政非常高兴。但李斯深知韩非才识倍胜于己，恐怕韩非威胁其地位，就向秦王诬蔑他，迫使他服毒自尽。

法、术、势并重

法治思想早在春秋时期已开始萌芽，到了战国后期，已发展出一套系统的法治理论，韩非子则是法家思想的集大成者。早期的法家分为三个流派：一是以商鞅为代表的重法派，主张国君以"法"治国；一是以申不害为代表的重术派，主张国君以"术"驭人；一是以慎到为代表的重势派，主张国君以"势"为政。韩非

子著作的55篇文章，结集在《韩非子》一书内。他站在君主立场上，提出"法"、"术"、"势"是君主的利器，必须互相结合，兼施并用，只要运用得宜，便能提高君权，增强国力，争霸天下，统一全国。

韩非子强调臣子要各司其职，不可超越职权而建立功绩，也不可以铺陈言论而与行事不合。如果君主能赏罚分明，严格执行法令，臣子自然不会狼狈为奸，国家就能富强。韩非子的学说，主要是教导君主如何统治臣民；秦始皇全盘采用他这一套学说，借以统一六国。

韩非子主张君主集大权于一身，这样天下臣民自然会服从君主。自秦始皇统一天下后，历朝皇帝都奉行这套理论，不断提高君权，形成中央集权统治的局面。此外，韩非子提倡变革，反对固步自封，符合社会发展的需求。这种积极进取的思想，也对后世政治改革产生深远的影响。

文章引人入胜

韩非子为了使论证更为生动活泼，写作时运用了大量历史故事、传说和寓言铺叙，善用排比、比喻、设问、反问等修辞手法，读来津津有味，引人入胜。其中，流传着这样的一个故事：

有一天，韩宣王对周市说："我的马天天都有充足的粮食吃，为什么它们还是那么瘦弱呢？"周市回答说："管马的人若是真的给它吃饱，那么马匹自然会强壮肥大；如果管马的人只是给它吃一点点，它自然会瘦小。你不去调查实际情况，光在这里担心，那有什么用呢？"

从这个故事，我们可得到什么启发呢？韩非子告诉我们，碰上困难时，光是忧虑，是不能解决问题的；应该追查个中原因，积极寻求解决方法。

瘦弱的马匹

八、董仲舒的"天人感应"说

1. 你认为董仲舒的"天人感应"说是不是一种迷信？
2. 董仲舒对"阴阳关系"的解说是否合理？

天人三策

董仲舒（前179—前104年）是西汉名儒。汉武帝时想招揽人才，亲自主持了一个策问贤良的考试。当时四十五岁的董仲舒应召参加，汉武帝问了三个问题，董仲舒以三个答案回应。由于答案的内容都和"天人感应"相关，所以后人便称之为"天人三策"。

在"天人三策"中，董仲舒认为天和人是有感应的，二者互相影响。上天无时不在监督皇帝的行为，如果皇帝行善积德，上天就会给予吉祥的现象，表示支持；但是如果皇帝昏庸失德，上天便会降下灾兆，作为警告。

董仲舒画像

董仲舒其实是想借天的名义开出一张清单，说明一个国君应做什么，不应做什么，做了该做的有什么好处，做了不该做的会受到什么惩罚。他把自然现象人格化，赋予天以道德的属性。从制约皇权的角度来说，有一定的积极意义。

天人合一

董仲舒主张"天人合一"。什么是天人合一呢？董仲舒认为人是天所生的，是天按照自己的模式制造出来的：天有366日，人有366个小骨节；天有12个月，人有12个大骨节；天有五行，人有五脏；天有四时，人有四肢；天有昼夜，人有视瞑；天有冬夏，人有刚柔；天有阴阳，人有哀乐；天有度数，人有计虑。他还认为，人体本来就像天地，以腰为界，腰以上像天，腰以下像地。为了使界线分明，所以人要在腰上系带，称为腰带；带以上属阳，带以下属阴。因为董仲舒相信人体像天地，天地分阴阳，人体也分阴阳，而人体的阴阳与天地的阴阳互相感应，甚至人事和命运也和天地的阴阳相应。所以在董仲舒看来，人是一个缩小的宇宙，而宇宙则是一个放大了的人。

对于人君如何实行统治的问题，董仲舒主张"王道"必须效法"天道"。他说："天道之大在阴阳，阳为德，阴为刑。"因此，王道必须阴阳相兼，德刑并用。然而，天道以阳为主，以阴辅阳，故王道也应以德为主，以刑辅德。董仲舒所说的德，主要是指仁义礼节、人伦纲常。他以君臣、父子、夫妻为"王道之三纲"，以仁、义、礼、智、信为"人伦之五常"，并认为纲常名教"可求于天"，而不能改变。

建议"独尊儒术"

董仲舒是儒学发展史上的关键人物。自武帝始，汉朝对儒士礼遇有加。董仲舒以贤良对策时，更明确提出"推明孔氏，抑黜百家"，并逐步得以实施，后来汉武帝实行"独尊儒术，罢黜百家"的国策也是由董仲舒提出的。

董仲舒建议汉武帝独尊儒术

九、理学集大成者朱熹

1. 你知道"鹅湖之会"是一种什么性质的聚会吗?
2. 你对"为学"之道有什么见解?

鹅湖之会

南宋时候,学术界曾经有一次轰动一时的辩论大会,称为"鹅湖之会"。

当时,理学有两大流派:一为闽中学派,代表人物是朱熹(1130—1200年);一为象山学派,代表人物是陆九渊。因为这两

鹅湖之会

派的学说主张不同,常有争论,所以朱熹的好朋友吕祖谦想为两派做一些沟通工作,安排了一次聚会。吕祖谦邀请了陆九渊和他的哥哥陆九龄到铅山的鹅湖寺,与朱熹进行一次学术讨论。这次聚会,历史上称为"鹅湖之会"。他们讨论的是学术问题,是关于"为学"的方法。所谓"为学",和我们今天所说的求学之道不同,我们求学是学知识,学习不同科目的知识,但鹅湖之会讨论的是学做人的学问。

取长补短

怎样才能做一个品德高尚的人?两派各有不同的意见。朱熹主张"格物穷理",即要多读圣贤书,以提高个人修养,成为一个有品德的人。陆九渊则主张"致知格物",即做人最重要的是

本于良心，先要确定这个大方向，才能做一个堂堂正正的人。陆九渊认为这良心是由人自己的反省而知道的，不是在书本中、在事物中研究出来的，只要反求诸己便可以了。陆九渊认为朱熹不讲这个最重要的反省功夫，却去做考据字词、研究外物的功夫，这样的为学之道是舍本逐末的。

两人的主张各有道理，很难分出高下。在鹅湖之会后，朱熹反省两人的论点，认为各有优缺，应取长补短，不要太偏重于一面。他认为陆九渊偏重自我反省，身体力行，但缺点是知识理论不足；而自己只主张读书研究，优点是知识丰富，理论性强，但自我反省和实践却不足，所以主张大家应互补不足。朱熹有这样容纳别人批评的胸襟，确具大师风范。

承先启后

在儒学的发展历史上，朱熹是一位承先启后的重要人物。汉代以来的大儒，大都仍沿袭以往注重章句注疏的治学方法，缺乏思辨的色彩，束缚了人们的思想和创意。及至北宋理学兴起，学术讨论风气兴盛，继战国之后出现另一个思想腾涌的局面，如鹅湖之会的争论情景，在当时是很普遍的。以理学而言，北宋就有以张载为代表的关学派，程颢、程颐兄弟为代表的洛学派，邵雍为代表的象学派，周敦颐为代表的濂学派，他们各自对传统儒学提出思辨性的阐释。朱熹生于南宋，慎思明敏，他在前贤的基础上，集理学之大成，建立了一个完善的哲学体系，对当代及元、明、清时期的学术思想有深远的影响。

朱熹画像

十、新文化运动

1. 你知道"德先生"和"赛先生"是指什么吗?
2. 新文化运动提倡白话文是否切合时宜?

德先生和赛先生

民国四年(1915年),陈独秀在上海创办《青年杂志》(随后编辑部移到北京,改名为《新青年》),拉开了新文化运动的序幕。当时,陈独秀极力邀请"德先生"和"赛先生"参与。究竟"德先生"和"赛先生"来自何方呢?且看看他们的自我介绍:

《新青年》的封面

德先生:大家好!我是"民主",来自西方国家,英文名字叫Democracy。中国人喜欢称呼我"德莫克拉西"或"德先生"。

赛先生:Hello!我是"科学",英文名字是Science,人们都称呼我"赛因斯"或"赛先生"。

德先生
赛先生:我们来到中国,是希望推广民主自由思想,鼓励青年追求科学的研究精神。

原来,陈独秀希望借西方"民主"和"科学"的精神,建设新文化、新思想,以改变当时中国专制和迷信的落后状态。

征婚广告

新文化运动自1915年开始,持续了十来年,为中国学术文化思想史揭开崭新的一页。先后参与推动新文化运动的学者有陈独秀、胡适、李大钊、蔡元培、鲁迅、刘半农等,他们都积极提倡"民主"与"科学",为中国带来新的气象。

新文化运动期间，从欧洲回国的蔡元培出任北京大学校长，他积极推动改革，主张男女同校，提倡新式教育。他对中国传统的习俗持批判态度。蔡元培曾经刊登一则征婚广告（见右图），他提出的条件，与中国传统的婚姻礼俗大相径庭，受到时人强烈的批评，被视为"离经叛道"。事实上，它从一个侧面反映了新文化运动的精神是希望破除不合时宜的旧礼教、旧思想，建立全新的道德价值观。

> **征婚广告**
> 1. 女子须不缠足者；
> 2. 须识字者；
> 3. 男子不娶妾；
> 4. 男死后，女可再嫁；
> 5. 夫妇如不相和，可离婚。

提倡白话文

倡导白话文学是新文化运动重要的一环，胡适主张用自己的话写文章，不应模仿古人写文言文。他的主张得到很多学者的响应，如鲁迅、俞平伯、周作人、朱自清、郭沫若等。新文化运动期间，鲁迅以白话文写下一系列反对旧道德和旧礼教、揭露社会弊病为主题的小说，如《狂人日记》、《孔乙己》、《祝福》与《药》等。而胡适、刘半农等学者也积极创作白话新诗，对诗歌的发展提出了不少建设性的主张。

掌握未来

新文化运动确实为中国学术文化思想发展带来了不少新元素，开创了一个新局面。究竟为什么要推行文化的改革呢？我们可从蔡元培的《儿童节歌》找到答案：

> 好儿童，好儿童，未来世界在掌中。
> 若非今日勤准备，将来落伍憾无穷。

蔡元培认为要掌握将来，人们不仅要保留优良的传统文化，也要学习新的科学知识，不断进修。同样，面对瞬息万变的世界，国人也要不断地充实自己，认识西方文明的进步，撷取中西文化的精华，这样才能掌握未来，不致被时代的潮流淘汰。

中华文化的传承

单元八

宗教人生

一、天·上帝·自然
二、佛陀释迦牟尼
三、摒除欲念，离苦得乐
四、明心见性，佛理自在
五、道·无为·真性
六、一枕黄粱，顿悟人生
七、行善积德，自然得道
八、佛教四大名山
九、道教名山话武当
十、姑苏城外寒山寺

一、天·上帝·自然

1. 中国人心目中的"上帝"和西方人信仰的"上帝"有什么不同？
2. 古人为什么会崇拜自然？

人格化的天

人类文明发展，莫不源于对自然的崇拜。据中国古代文献记载：天、地、日、月、星、河、海、山、林、谷，以及四季等等，都是神灵。例如《庄子·秋水》中便写了黄河之神"河伯"和北海之神"北海若"的对话，可见古人以自然物为神灵是一种普遍现象。当中以"天"最受人崇拜。古人心目中的"天"，不是自然现象的天，而是人格化的天，可称之为"人格天"，即所谓"上帝"。这个"天"是有意志的，就好像人的意志一样，能决定人间的祸福，是世间的最高主宰。

你到过北京的天坛吗？天坛是以前皇帝祭天的地方。祭天一直是历代君主的重要祭祀大典。我们今天总以为"天"是一种自然现象，不是什么神灵，但古人并不是这样看的。古代君主为什么要拜祭天呢？古语有云："斋戒沐浴，则可以祀上帝。"祭天就是祀上帝。

中国人心目中的"上帝"

然而，中国人心目中的"上帝"和西方基督信仰的"上帝"又有所不同。希伯来的"上帝"说是会创造世界，也会主宰世界的事情；而中国人的"上帝"并没有创造世界，只是主宰万物。不过，中国人的"上帝"还具有一种神圣的权威，即是会主宰政权的兴替，也就是说，"人格天"会支持贤能的君主，惩罚昏庸的君主，这就是皇帝所以要祭天的原因。主宰政权兴废的"天"

有其判断标准,就是"道德"。这个"德"就是天律标准,可以说,中国古人的道德标准也受"天律"所约束,皇帝其实不是一个可以随心所欲,行使无限权力的人。中国重"德"的文化便由此发展而来。历史慢慢演进的结果,皇帝主宰人间,企图代替"天律","天"的"意志"越来越少,人的"道德概念"越来越强。到孔子时,已很少讲天,而只讲人的道德本性,并树立了中国文化浓厚的人文精神:"以人为本"。西方文化的发展却由于重视上帝的创造意义,上帝的"人格性"越来越重,发展出"以神为本"的文化精神。

自然崇拜的宗教意识

有人说,古人对自然的崇拜是一种原始宗教。这话颇有道理。古人对自然的崇拜,是因为人对某些自然现象的疑惑,再加上人的生命有限,总会死亡;在面对自然生死时,会感到恐惧,便相信冥冥中有神灵在主宰一切。当人们面对自然的庞大力量而感到茫然时,为了安慰自己,于是产生了一种"我命在我不在天"的信念,这种由天复命的意识,就是宗教意识。

祭天

二、佛陀释迦牟尼

想一想

1. 佛陀的前身是什么？他为什么要出家修行？
2. "释迦牟尼"是什么意思？

出身王子

佛陀释迦牟尼，原不是神，而是人，本名叫悉达多·乔答摩（乔答摩是姓，悉达多是名），约生于公元前6世纪①，是古印度迦毗罗卫国（今尼泊尔）的王子，为了寻求宇宙人生的真理，他舍弃荣华富贵，无意继承王位，离开亲人，出家修行。他悟得人生真理以后，人们尊称他为"释迦牟尼"。"释迦"是族名，"牟尼"是对有成就者的称呼，释迦牟尼意即"释迦族的圣人"。"佛陀"是梵语音译，意思是"觉悟的人"或"智慧的人"，简称为"佛"。

悉达多在修行

---

① 关于释迦牟尼的生卒年代，有不同的说法：一说为公元前565至前486年；一说为公元前624至前544年（或前623至前543年）。但无论哪一种说法，都肯定佛陀在尘世享年八十。

出门悟道

悉达多十七岁时，父亲净饭王为他娶了一个貌美的妻子。然而，王子久居深宫，非常烦闷，老想出外游览。一天，在随从陪同下，他到了东门花园，碰上了一个弯背持杖的老人，便问随从："这是什么人？"随从答："这是老人。"王子于是感到年老是个痛苦的问题，但却想不出解决办法，闷闷不乐地回了王宫。

几天后，第二次出门，看见一个病人躺在路边呻吟，他又问随从："这是什么人？"随从答："这是病人。"王子又感到生病也是个痛苦的问题，他一时也想不出解决办法。

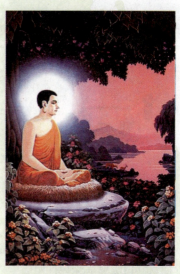

悉达多在菩提树下悟道成佛

第三次出门，他看到一具尸体，想到死亡的问题。第四次出门，遇见一个修行者，他便请教说："出家修行是做什么的？"答："出家修行可解决生老病死四大痛苦。"王子很高兴，自此便有出家的念头。终于在一个深夜，他悄然离开了王宫，到城外修行。悉达多出家修行6年，看到很多民间疾苦，又静坐参禅，希望能参悟人生真谛，终于在三十五岁时，在菩提树下悟道成佛。

创立佛教

佛陀觉悟以后，便开始收徒弟，建立僧团组织。最初成为佛教徒的是两个商人，他们只是在家修行，并未出家。不久，佛陀向曾经陪他修行的五人说法，为他们剃发，成为佛教最早的五个出家弟子。根据佛经所传，这五人很快便修成正果，是佛教最早的一批"罗汉"。

释迦牟尼三十五岁成佛，到八十岁逝世。在这45年中，他不断建立僧团，传播教义，得到了社会上各界人士的信奉。各僧俗弟子继承了佛陀的遗志，发展佛教，弘扬佛法，使佛教与基督教、伊斯兰教并称为世界三大宗教。

三、摒除欲念，离苦得乐

想一想

1. 你能说出佛教的基本教义吗？
2. 面对人生痛苦，我们可以怎样运用佛家思想解决呢？

滚滚红尘

佛教最基本的目标，是想解脱人类生老病死的痛苦，但人怎样才可以离苦得乐呢？

人的欲望无穷，旧的欲望满足了，新的欲望还会不断出现，所以人只会永远在欲念的苦海中流转，不能得到真正的满足。例如：人有吃的欲望，最初只是为求吃饱，米饭面包已足够；能吃饱后，便要求吃得美味，要吃鱼吃肉；满足后，又要求吃得豪华，要吃鲍参翅肚。因此，人生在世，追求金钱财富，物质享受，最初可能只是够吃够用已经可以，但慢慢地，要求渐多，贪得无厌，欲念无穷无尽。

诸行无常

宇宙间的万事万物，从微尘到世界，从感受到认知，都在不停地流转运行。每一事物的生灭代谢，都和它周围的事物互相联系，互为因果，这种宇宙万有的变化规律，佛家思想称为"因缘"。各种事物既是因缘所生，就会有"成、住、坏、空"的变化过程；人和动物既然是因缘所生，也就有"生、老、病、死"等自然现象。《金刚经》说："一切有为法，如梦幻泡影，如露亦如电，应作如是观。"意思

《金刚经》书影

是说宇宙间一切事物都是生灭不停的虚假现象，我们不应妄想、执著，以致自寻烦恼。

本无一物

> 菩提本无树，明镜亦非台；
> 本来无一物，何处惹尘埃？

这是慧能禅师的佛偈，是佛家"四大皆空"、"明心见性"概念的诠释。《心经》说："色即是空，空即是色。"这说明了宇宙万物本来就是虚妄的，我们要改变自己的无知和执著。

佛陀认为要脱离苦海，便要明白世间一切的欲望和行为，都是因缘而起。因是主因，缘是助缘，即一切事物都是受条件决定的。

人们对金钱财富的追求，其实是认定了金钱财富代表成功，代表有价值，所以才会对金钱财富有无穷欲望。如果明白一切事物原来都不是永恒的，不是真正的快乐，那么人们便不会再执著去追求，而会摒除欲念，杜绝奢望。这样，便能真正脱离苦海。

所谓"众因缘生法，我说即是空。"明白一切事物是因缘而生，脱离追逐欲望的行列，便明白一切原是"空"。"空"是一种境界，也是一种实践，即是把人世间的一切执著、妄想都去掉，超尘脱俗，成为觉悟的佛陀。

佛陀

四、明心见性,佛理自在

1. 查一查字典,看看"磨砖成镜"是什么意思。
2. 你知道什么叫坐禅吗?

闭门坐禅

怀让禅师是禅宗六祖慧能的弟子,来到了湖南衡山般若寺当住持。

当时寺中有一个弟子名叫道一,年纪二十六岁,在山中的草庵里坐禅,整天闭门不出。初时怀让禅师觉得这个弟子很用功,是个可造之才,后来发觉不对劲,便决定去看看他用功是否用得正确。

坐禅

怀让走到道一坐禅的草庵门外,敲门请他出来。但敲了很久也没有反应,怀让于是把门敲得震耳欲聋,这样才把道一请了出来。

怀让见到道一,就对他说:"你只懂枯坐用功,这样修行是不行的。"

道一根本就听不明白怀让的话,转身又走进草庵里坐禅。

磨砖成镜

怀让很担心,觉得这样下去不行,一定要想办法令道一明白。怀让于是想了一个方法,拿了一块大砖头到他的草庵门口,天天使劲磨,磨得很响,终于令坐禅的道一也要出来看个究竟。

道一出来一看,感到很奇怪,问:"大师,你怎么整天在这里磨砖头?"

怀让哈哈大笑地回答道:"你不懂吗?我在磨镜子啊!"

道一更感奇怪，问："不是吧？大师，这是块砖头，怎么能磨成镜子呢？"

"那你整天关在门里又是干什么？"

"坐禅啊！"

"坐禅是为了什么呢？"

"为了成佛。"

讲道

怀让见道一不明白，便说："对，磨砖头不能磨成镜子，难道你整天枯坐就能成佛了吗？"

"那怎么才能成佛？"

"打个比方，你要命令一辆牛车停下来，你是拉牛，还是拉车？"

道一听了，猛然省悟，是牛拉动车子，车子才会走，要令车停，当然要先令牛停下来。同样道理，人能成佛，是因为人明白了世间事物皆是因缘而起，明白人生的幻相，摒除执著，人才可成佛。终日坐禅，徒具佛的外形，没有用心参透成佛的道理，又有什么用呢？

用心悟道

参禅悟道，是在心上用功，一念明白，便能成佛，不论在草庵，还是在闹市，所以不是枯坐学佛的样子便会成佛的。禅宗讲顿悟，即是一念明白便是佛，人人都可以成佛。佛家的道理是生活上实际可用的，能解决人生问题，是一种实践的道理。人生痛苦的问题不是坐禅就可解决，坐禅只是其中一种方法。如果明白了世间的幻相，看破世人的执著，那么无论你做什么事情，在哪里做，都已是佛了。但如果好像道一那样，执著于坐禅，则仍然是执著，未能放得下，未能明白成佛的道理，又怎能成佛呢？

我们做人有时也会像道一那样，执著于某一种方法或工具，而忘掉了本来的目的。例如读书，只为了考试，而忘记了求学才是目的，这便是执著。如果明白了，放得下，何处不可求学？何处不可生活？又怎会因考试而感痛苦？

五、道·无为·真性

想一想

1. 你知道"道教三祖"是指谁吗？
2. 道教主张修炼精神，也主张修炼身体，你觉得何者较重要呢？

道教"三祖"

中华文化的始祖，名叫轩辕黄帝，他聪明好学，可以说是我国研究大自然与人类关系的第一人，也可以说是后来道教教义的奠基人。

到了春秋末年，据说当时有一个名叫尹喜的函谷关关令，善观天象。有一天，他忽然看见紫气东来，知道将有圣人出现。不久，一位白发老者乘着青牛车到来，尹喜便恭请他著书立说。于是白发老者写下了不朽的五千多字的《道德经》。这位白发老者也就是老子。

老子认为宇宙的根源是"道"，所以我们称老子所代表的那种思想为"道家"思想，而具有那种思想的人为"道家"。"道家"主张人内心要清静无为，回复自然。当时的道家思想只是一种哲学主张，并非宗教。

老子骑着青牛

到了汉初，高祖、文帝、景帝相继采用道家理论治国，称为"黄老之治"。而后来汉武帝虽然尊崇儒术，但他也相信神仙方士，追求长生不老，希望成为神仙，追求神仙方术一时成为风气，于是有人把道家学说和神仙方术结合，逐渐形成一种追求长生成仙的宗教，称为道教。因道教理论基础来自黄帝，故把黄帝尊为道教的"始祖"；又把老子尊为道教的"道祖"。道教不单有教义，还有经典，有仪式，有制度，有宗教活动场所。到了东汉，民间出现了张角的太平道和张陵的正一盟威道，其中张陵完善了道教的组织结构，故被尊为"教祖"。始祖黄帝、道祖老子和教祖张陵，合称为"道教三祖"。

性命双修

道教主张"性命双修"，即是既修炼人的精神，也修炼人的身体。修炼精神，目的是让人回复自然真性，达到精神解脱，希望可超越贪念和欲望，不受世间的名利物质所诱惑，达到逍遥自在、圆满自足的境界。另一方面，修炼身体目的是健全生命，希望生命永恒，配合自然的运行规律，使人的生命与大自然的"道"结合。具体方法分为内丹和外丹：内丹是静坐、气功等导引行气的方法；外丹是冶炼丹药，用丹药来增补人不断消耗的体能。最后通过这两方面的锻炼，使自身与"道"合一，达到长生不老的境界。

保全真性

道教的要义之一在于情绪管理，回复人的本来真性；这个真性来自"道"，是最纯真的。可惜世人往往被世间的物质和欲望所迷惑，不再认识自己的真心真性，只知终生追求物质名利，所以人就在生命的苦海中不断挣扎，痛苦不堪。

时下有些人总以为要拥有最新型号的手机，穿名牌服装，或者要挣很多钱，才能快乐。一生都在追求物质欲望的满足，但可能最后发觉从没有真正快乐过，因为每一次物质满足之后，又会有另一个欲望等待他去追逐，不能停下来，于是痛苦不堪。道教的教义就是叫人们要知足，摒除这些追逐的念头，返回人的真心真性，人的痛苦才会从根本上除掉，才有真正的快乐。

六、一枕黄粱，顿悟人生

1. 查一查成语辞典，看看"黄粱美梦"说明什么道理。
2. 你对人生的价值有什么看法？

梦里人生

唐代小说家沈既济写了一篇小说，题为《枕中记》，故事是这样的：

话说八仙之一的吕洞宾得道之后，到处点化世人，他在邯郸的客店遇到一个布衣少年卢生，二人一见如故，一起促膝谈心。卢生自叹贫穷，又郁郁不得志，认为身为读书人应当建功立业，出将入相，扬名声，显父母。吕祖听到后，只是笑而不答，他拿了一个青瓷枕交给卢生，说只要用这个枕头睡觉，便可得偿所愿了。当时客店的主人正在煮一锅黄粱米饭，卢生便拿了这个青瓷枕一睡入梦。

吕洞宾赐枕

睡梦中，卢生回到山东的家乡，看见青瓷枕变成了一座府第，于是便举家入住。几个月后，卢生娶了一位美女崔氏为妻，跟着中了进士，又升为监察御史，再升为陕州牧，然后是京兆尹。卢生在官场上50年内，春风得意，事业平步青云，最后官拜宰相，并获得赵国公的爵位。他有五个儿子，每个都当官，姻亲都是名门望族，子孙满堂，享尽人间荣华富贵。八十岁后，卢生身患恶疾，虽由名医诊治，但始终药石无灵。

卢生看见自己病死时，吓出一身汗，霍然惊醒，发觉原来是一个梦，心中十分诧异；只见吕祖含笑坐在他身旁，一切依旧，客店主人煮的黄粱饭还未熟呢。"人生就是这样！"卢生顿时觉悟，富贵功名原是梦幻，从此跟随吕祖修道，仙游而去。

现实人生

以上所说的，就是成语"一枕黄粱"的来源；"一枕黄粱"，也作"黄粱美梦"或"邯郸梦"。在今河北邯郸市北十公里外有一个黄粱梦村，村中有一座吕祖祠，就是纪念这一故事的。这个故事很能代表道教思想，唤醒世人不要眷恋世间功名利禄，世间一切荣华富贵，到头来只是一场美梦，死后一无所有，不如修炼身心，摒除一切贪念执著，有朝一日觉醒，便可得道成仙。这个故事虽然属于小说家言，不可信以为真，但它告诉人们：应追求另一种更有价值的生活，这样方可脱离苦海，进入永恒的人生。

黄粱美梦

人生价值

我们身边不是有很多人和卢生一样吗？想追求丰富的物质生活，想步步高升，但结果越是追求，越得不到。有些人的运气好一些，升官、发财、买大屋，但仍是身染绝症，病死床上。死亡是人生必经的阶段，人死后，什么功名富贵也不能带走。道教思想希望人能脱离这种困境，为人生找到一个可安顿的地方，解决人的痛苦问题，也解决人的价值问题。你不要以为道教讲的满天神仙纯属迷信，其实在这满天神仙背后是有深意存在的。

七、行善积德,自然得道

1. 你相信人真的能"得道成仙"吗?
2. 你能说出宗教导人向善的特色吗?

拔宅飞升

根据《太平广记》的记载,有这样一个故事:

晋代有一个人名叫许逊,他需要供养年老的母亲,与寡嫂分耕桑田。他把肥沃近水源的田地让给寡嫂,而自己只耕种那些偏远瘠薄的田地。后来,许逊当了旌阳县的县令,他周济穷人,还运用自己学会的道术去帮县里的百姓。数年之后,许逊感到世道衰落,官场黑暗,于是毅然辞去县令的职位,到豫章(今江西省南昌市)附近的逍遥山隐居,矢志修道。当时,江西一带有大蛇和蛟龙出没,当地百姓深受其害。许逊不忍,就与弟子一起杀蛇斩蛟,因此受到当地老百姓的爱戴。

为民除害

许逊所学的道,以孝为本,以善为根,把"尽孝行善"作为道术的基本原则。他不仅自己孝顺母亲,而且多行善事,劝人为善。经过多年的修行,到了晋朝宁康二年(372年)八月十五日,许逊便"举家拔宅①仙去",一家四十多人,全部随他一起升上天。

---

①拔宅:指全家宅的人。许多古人的一家不像现代的小家庭,只有三四人,而是几代人几个已成家的伯叔兄弟住在一起,甚至包括仆人,这样的一个大家庭,往往有三四十人之多。

许逊"拔宅飞升"的故事是对努力行善积德的一种肯定，或者说是一种"证道"的方式。后来，人们将"拔宅飞升"作为修道有成的象征。

修德得道

中国人的宗教信仰，相信通过自己的努力修为可以得道成仙，方法就是"行善积德"。这不是去学一种什么神怪的法术，也不是单靠祈祷或某种神奇的力量，而是一种人人都做得到的道德行为。许逊修炼身心，服务大众，多行善事，劝人为善，是尊道的行为；他供养母亲，让地给寡嫂，是修德的表现，所以最终得道成仙。

真心待人

孔子认为人人都可做到仁爱，人人都可以做一个有德的人，而最容易体现道德行为的地方就是家庭。因为做有德的人，必须出自真心诚意，而家庭就是人性表现最真切的地方。因此，道教以三宝——慈、俭、让——教导世人如何待人接物，而主张由家庭做起。许逊因真心对待家人，进而真心对待众生，所以得成正果，白日飞升。

人生在世，要修炼到"长生不老"，羽化成仙，当然不可能，但"修德"毕竟是中国人的传统美德。道教鼓励我们做一个好人，让我们向往天堂的美好，希望做一个快乐神仙；虽然实际上做不了神仙，但"修德"却是一件令人得到真正快乐的事。宗教的真谛，在于导人向善，道教如此，其他如佛教、基督教，也是如此。

真心待人

八、佛教四大名山

1. "佛教四大名山"是指哪几座山？
2. 你能说出"四大名山"各有什么独特的景观吗？

名山渊源

中国的佛教名山很多，差不多凡是名山都有佛寺，所以有人说："天下名山僧占多。"唐朝时，四川的峨眉山曾建寺一百多座。安徽的九华山最鼎盛时，有寺院近三百座。除了这两座山外，名闻遐迩，香客如云，要算山西的五台山和浙江的普陀山，与前二者合称"佛教四大名山"。

据《华严经》记载，文殊菩萨住在清凉山和五顶山。唐代

普陀山观音像

时，五台山的澄观法师认为五台山有五个台顶，又有清凉无暑的特点，所以认为文殊菩萨住的就是山西的五台山。从此，五台山的地位越来越高，成为中国佛教名山之冠。

普陀山的著名则跟观音有关。相传唐朝时，有一位印度僧人飘洋过海来到普陀山，在潮音洞内隐居，十指涂上油脂自燃，求见菩萨。这时潮音洞内突然发光，观音菩萨现身。从此，普陀山便成为观音菩萨的圣地。

再者，相传东汉时隐士蒲公曾在峨眉山的顶峰看到奇光，向前来中国的印度高僧宝掌请教，宝掌说这是普贤菩萨显灵，在这里出现，就是要普渡众生。《华严经》也记载有普贤菩萨曾在光

明山的说法，而峨眉山有"佛光"奇观，所以佛教徒认定《华严经》所说的光明山就是峨眉山。

至于九华山，相传唐朝时，新罗国（今韩国）有位王族叫金乔觉，出家后渡海来到中国，云游到九华山，看见山峰状如莲花，就在一岩洞内居住，足不出洞，普渡众生。他感动了很多善信，当地乡绅还捐钱建金乔觉寺。金乔觉九十九岁圆寂时，山鸣谷应，群鸟哀啼，地出火光，于是人人都说他是地藏菩萨化身，称他为"金地藏"。从此，历代帝王和僧侣、善信便在九华山大规模兴建寺院，九华山便也成了名山之一。

各有奇观

五台山有五座山峰，分别是东、南、西、北、中五台，由于长年冰封，夏天仍会有雪，并无炎暑，所以又称为清凉山。五台山五个台的台顶各有一寺，风景各不相同：东台观日出，西台观月升，北台看雪景，南台看山花，中台观天象；当地人还说："站在中台顶，伸手摸星星。"

普陀山在浙江舟山群岛上。因为在海岛上，有很多幽洞奇岩，是避暑圣地；而由于山间有许多洞，在洞中建寺，是普陀山的特色。

四大名山中以峨眉最高，山峦起伏，气势磅礴，古木参天，林壑幽美，有"峨眉天下秀"的称誉。

九华山在群山之中，有九峰相连如莲花，所以称"九华"。山上多奇峰怪石，泉瀑溪潭，更有一棵古松，迄今已有一千多年历史，人称"天下第一松"。

佛教称成道、行道或供佛的地方为道场。四大名山之所以闻名遐迩，是因为它们各代表了一个菩萨的道场。文殊菩萨道场五台山，观音菩萨道场普陀山，普贤菩萨道场峨眉山，地藏菩萨道场九华山，世称"金五台，银普陀，铜峨眉，铁九华。"

峨眉山

九、道教名山话武当

1. 武当山为什么会成为道教圣地？
2. 你知道张三丰最擅长什么武功吗？

雄奇险秀，引人入胜

武当山

武当山是中国的名山，也是道教的名山，位于湖北省境内。其山势层峦叠嶂，峰秀谷险，山中有幽洞，有深潭，有飞泉，林木茂盛，以"雄""奇""险""秀"的自然风光引人入胜。武当山有72峰、36岩、24洞、3潭9泉。主峰是天柱峰，高1612米，有超尘脱俗的天然景色，因此崇尚自然、追求仙境的道教信徒，很早就视武当山为理想的修炼场所。据记载，历代在武当山上修炼的著名道士有唐代的吕洞宾、五代的陈抟、宋代的张三丰、元代的张守清、明代的张三丰等。

两个张三丰

在武当山上修炼的著名道士，确实先后有两个张三丰。其一，宋徽宗时有一个武当道士张三丰，又叫张三峰，首创内家拳。其二，元末明初的著名道士张三丰也曾在武当山结庐修炼，名为"会仙馆"。这位张三丰为人不修边幅，常穿破衫烂裤，因此被人称为"张邋遢"。他行踪不定，视钱财如粪土，视权势如草芥，留下许多诗文，很有学问。明太祖朱元璋和明成祖朱棣都十分仰慕这个"邋遢道仙"，多次派大臣求访不遇。明成祖更亲笔写信以求相见，但张三丰都避而不见，只回信请他清心寡欲，专心治国，修养德行，并说只要人民幸福，君主便也会得到幸福，人民长寿，君主便也会长寿。明成祖于是大修武当山，为张三丰建祖庙，以建紫禁城的格局来修建道观。从此，武当山和张三丰便名闻天下，其中的太和宫和紫霄宫，现在已被列为全国的重点道观。

武当武术，媲美少林

武当道士以拳术著名，与佛教的少林武术齐名，各擅胜场。武侠小说常以少林和武当为武术正宗，互相媲美，可见武当道士对武术的影响。武当武术的传统源于宋代的张三丰。传说有一天，张三丰听到雀儿急叫，从窗中看出去，见树上有一只雀，它盯着地上的一条长蛇，蛇则举目向上望，两者相持不下：每当雀儿飞击长蛇时，蛇则轻身摇头闪避，并没被击中。张三丰由此悟到以静制动、以柔制刚的道理，所以创出一套模仿太极变化的"太极拳"。到了明代的张三丰，又把武当拳术发扬光大，强调要养心定性，聚精会神，抛弃功名，才能练好内家拳。

武当的武术有太极拳、八卦掌、形意拳、武当剑等，它们的套路、名称、用意都由道经中引申而来，无不切合老子《道德经》的哲理。练习武当内家拳，要持之以恒，掌握用"意"和用"气"，重"意"不重"力"，确有防身保健、延年益寿的功效。这种功效直到今天仍被人们所公认，不单是中国人，甚至外国人也崇尚武当的内家拳。你只要看看每天早上那么多人在公园、操场甚至马路边练太极拳，便知道它的影响力了，这确是武当留给世人最珍贵的礼物之一。

张三丰画像

十、姑苏城外寒山寺

1. 你知道寒山寺为什么这样著名吗?
2. 读了张继的《枫桥夜泊》,你会不会想到枫桥下泛舟,领略那情思隽永的诗意美呢?

枫桥夜泊

月落乌啼霜满天,江枫渔火对愁眠。
姑苏城外寒山寺,夜半钟声到客船。

唐朝天宝年间,诗人张继到长安应试落第而归,水程经过姑苏,客船夜泊枫桥。晚上望着天上明月渐渐落下,听到鸟雀啼秋,满天寒霜,诗人独对满江的渔船灯火,客旅愁绪,袭人而来,一夜不能成眠。夜半时分,苏州城外寒山寺的古刹钟声传到诗人耳中,更提醒他身在客船,羁旅他乡,一时感触,写下了这首千古绝唱。

枫桥夜泊

自此,苏州城西枫桥古镇的寒山寺,便蜚声海内外,远近知名。

寒山拾得

寒山寺始建于南朝梁武帝年间,因唐代名僧寒山和拾得曾做住持,故名寒山寺。寒山是唐代贞观年间一个神秘而奇特的人物,既是高僧、诗人,也是乞丐、疯汉。相传有一次,瘦削的寒山穿得破破烂烂，疯疯癫癫地到天台山国清寺游玩。寺僧见他样子又脏又寒碜，不让他在寺里挂单，只能在拾得和尚那里讨些残羹剩饭充饥。拾得和尚是国清寺的禅师在路上捡拾回来的孤儿，所以名叫拾得，负责厨房的工作。寒山常常帮拾得洗碗干活，两人慢慢成了知己。他们都穿得破烂，行为疯癫，又喜欢故弄玄虚，像一对活宝贝。其实他们都道行高深，慧根非凡，只因看破世间的虚伪造作，才故作疯癫，表现真情本性，可称一代名僧。

后人称寒山、拾得为"和合二圣"，视之为吉祥、欢喜的象征，所以现在的民间也有和合二圣的画像。他们一人持荷花，一人捧圆盒，互相拥抱，笑作一团，有和谐、好合的意思。

夜半钟声

站在枫桥古镇的桥头，举头远望，便可看见树叶中碧瓦黄墙的寒山寺。寺中青松翠柏，曲径通幽，有大雄宝殿、藏经楼、钟楼、枫江第一楼、清代学者俞樾写的《枫桥夜泊》碑文等。寺中的大雄宝殿有36首寒山诗的诗碑，也有寒山和拾得的石刻雕像。

寺内有一幢六角钟楼，就是那"夜半钟声"的来源。其实张继诗中的唐代古钟早已失传，后来明代仿制了一个古钟，据说清末时也被抢到日本。康有为游寒山寺时，曾感慨地题诗："钟声已渡海云东，冷尽寒山古寺枫。"后来日本人知道此事，于1905年铸了一口仿古铜钟送来，就是现在寒山寺钟楼里的大铜钟。

寒山寺因诗而著名，《枫桥夜泊》被收入日本小学的课本，在日本家喻户晓，所以现在常有很多日本游客到寒山寺，他们都是专慕《枫桥夜泊》诗碑之名而来，以求一睹为快的。现在每逢除夕夜晚，送旧迎新之际，寒山寺都会传来阵阵钟声，寓意来年吉祥如意。寒山寺，这座带着浓烈历史文化色彩的古刹，如今已成为诗歌碑文的宗教圣地，只会带来愉快的祝福，张继的愁绪只能在诗中寻觅了。

寒山寺

附录一

初中中国语文科

中华文化学习大纲

初中中国语文科
中华文化学习大纲

　　本大纲参照香港初中《中国语文科课程纲要》及有关文献,初步厘定 24 个范畴,所选知识点以学生为本,务未适切,深浅程度符合初中学生的需要。列表如下:

单元名称			
1. 神话故事	2. 民间传说	3. 社会习俗	4. 传统节日
5. 河山风貌	6. 名胜古迹	7. 礼仪情操	8. 工艺服饰
9. 饮食文化	10. 康乐文娱	11. 文学作家	12. 名篇佳作
13. 伦理道德	14. 经济贸易	15. 交通传讯	16. 科学技术
17. 艺术欣赏	18. 人文教化	19. 语言文字	20. 修辞语汇
21. 治乱兴衰	22. 历史人物	23. 学术思想	24. 宗教人生

"文学作家"与"名篇佳作"本为一单元,"治乱兴衰"与"历史人物"亦本为一单元;考虑到文化篇章的整体结构,故一分为二。

一、神话故事

(一)中国神话的特色
(二)著名的神话
　　1．盘古开天辟地
　　2．女娲补天
　　3．天狗吃月
　　4．后羿射日
　　5．龙的传说
　　6．精卫填海
　　7．月下老人
　　8．寿星彭祖
　　9．八仙过海
　　10．孙悟空大闹天宫
(三)古代中国人的想象力

二、民间传说

(一)民间传说的特色
(二)著名的传说
　　1．孟姜女哭长城
　　2．昭君出塞
　　3．桃园三结义
　　4．木兰从军
　　5．梁祝化蝶
　　6．白蛇传
　　7．包公断案
　　8．杨家将
　　9．济公活佛
　　10．天后妈祖
(三)民间传说的文化寓意

三、社会习俗

(一)社会习俗的特色
(二)重要的时令
　　1．二十四节气氣
　　2．天干地支
　　3．十二时辰
　　4．十二生肖
(三)重要的习俗
　　1．姓、氏、名、字、号
　　2．祭祀与民间信仰
　　3．避讳与吉祥观念
　　4．阴阳五行
　　5．农耕仪式
(四)少数民族的风俗习惯
(五)文化思考：习俗与民族文化

四、传统节日

(一)传统节日的特色
(二)重要的传统节日
　　1．春节
　　2．元宵
　　3．清明
　　4．端午
　　5．七夕

6．中秋
　　7．重阳
　　8．冬至
(三)文化思考：节日与民族文化

五、河山风貌
(一)河山风貌的人文特色
(二)河山风貌
　　1．黄河
　　2．长江
　　3．珠江
　　4．五岳
　　5．黄山
　　6．庐山
　　7．大明湖
　　8．西湖
　　9．太湖
　　10．桂林山水
(三)欣赏河山风貌的文化内涵

六、名胜古迹
(一)名胜古迹的人文特色
(二)名胜古迹
　　1．孔庙
　　2．长城
　　3．秦陵兵马俑
　　4．明十三陵
　　5．岳阳楼、滕王阁、黄鹤楼
　　6．故宫
　　7．天坛
　　8．中山陵
(三)七大古都
(四)历史文化名城
(五)欣赏名胜古迹的文化内涵

七、礼仪情操
(一)中华礼仪的文化特色
(二)重要的礼仪
　　1．五礼
　　2．古代的婚姻
　　3．古代的丧葬
　　4．见面礼仪
　　5．交谈礼仪
　　6．公共场所礼仪

  7．家庭礼仪
  8．称谓、谦称及尊称
(三)文化思考：礼仪和品德情意

八、工艺服饰
(一)工艺服饰的民族特色
(二)传统工艺
  1．青铜文化
  2．陶瓷文化
  3．印刻文化
  4．石雕文化
  5．泥塑文化
(三)著名工艺品
  1．玉玺
  2．和氏璧
  3．唐三彩
  4．景德镇瓷器
  5．景泰蓝
  6．石湾陶塑
  7．苏绣
  8．剪纸艺术
  9．桃花坞年画
  10．铜车马

(四)服饰
  1．龙袍、凤冠
  2．唐装、中山装
  3．长袍、马褂
  4．旗袍
  5．簪、钗、玉佩
(五)少数民族服饰
(六)欣赏工艺、服饰的民族文化特色

九、饮食文化
(一)汉族和少数民族饮食的文化特色
(二)饮食礼仪及器具
(三)特色名菜
(四)茶文化
  1．茶艺
  2．"茶圣"
  3．中国名茶
(五)酒文化
  1．"酒圣"
  2．中国名酒
(六)文化思考：饮食和民族文化

十、康乐文娱

(一) 传统康乐文娱的特色

(二) 戏剧

    1．京剧

    2．昆剧

    3．粤剧

    4．梨园戏戯

    5．木偶戏

    6．皮影戏

(三) 游艺竞技

(四) 古今康乐文娱的变迁

十一、文学作家

(一) 中国文人的特质

(二) 杰出的文学家

    1．曹植

    2．陶渊明

    3．李白

    4．杜甫

    5．白居易

    6．韩愈

    7．李煜

    8．欧阳修

    9．苏轼

    10．辛弃疾

(三) 文化思考：文人和文化

十二、名篇佳作

(一) 中国文学的特质

(二) 重要的作品

    1．屈原和《离骚》

    2．司马迁和《史记》

    3．关汉卿和《窦娥冤》

    4．罗贯中和《三国演义》

    5．施耐庵和《水浒传》

    6．吴承恩和《西游记》

    7．曹雪芹和《红楼梦》

    8．鲁迅和《阿Q正传》

    9．巴金和《家》、《春》、《秋》

    10．金庸和武侠小说

(三) 文化思考：文学作品的文化价值

十三、伦理道德

(一) 基本的伦理观念

(二) 伦理价值

    1．五伦

    2．家庭观念

    3．宗族关系係

    4．慎终追远

    5．仁义礼智

  6．忠君爱国
  7．尊师重道
  8．仁爱
  9．舍生取义
  10．君子
(三)文化反思：伦理价值的优点和局限

十四、经济贸易
(一)古代经济的特色
(二)经济知识
  1．以农立国
  2．重农轻商
  3．商品贸易
  4．盐铁官营
  5．金属货币与纸币
  6．官营及民间手工业
  7．赋税徭役
(三)古代著名商港和商业名城
  1．广州
  2．泉州
  3．扬州
(四)文化反思：传统经济的偏向和不足

十五、交通传讯
(一)古代交通概况
  1．基本建设
  2．传讯方式
(二)重要人物和文化交流
  1．张骞
  2．班超
  3．法显
  4．玄奘
  5．马可·波罗
  6．郑和
(三)文化思考：交通和中华文化的传播

十六、科学技术
(一)古代科技发展的特色
(二)重要发明
  1．数学
  2．天文
  3．历法
  4．医药
  5．四大发明
(三)重要人物
  1．张衡
  2．蔡伦
  3．华佗
  4．祖冲之
  5．沈括
  6．李时珍
(四)文化反思：古代科技发展缓慢的文化原因

十七、艺术欣赏

(一) 中国艺术的特质

(二) 书法
    1．文房四宝
    2．杰出的书法家
    3．书体导赏

(三) 绘画畫
    1．杰出的画家
    2．杰出作品导赏

(四) 建筑
    1．园林艺术
    2．石窟艺术

(五) 音乐
    1．重要的乐器
    2．重要的作品

(六) 舞蹈

十八、人文教化

(一) 古代教育制度的特色

(二) 教育常识
    1．太学、国子学
    2．书院、私塾
    3．京师大学堂
    4．四书五经
    5．六艺
    6．启蒙字书

(三) 古代的选士制度
    1．"养士"风气
    2．察举制度
    3．九品中正制
    4．科举制度

(四) 重要的教育理念
    1．有教无类
    2．因材施教
    3．不耻下问
    4．循循善诱
    5．学思结合
    6．温故知新

(五) 文化反思：古代教育的优点和偏向

十九、语言文字

(一) 汉字的产生和演变

(二) 汉字的性质和结构

(三) 语言知识
    1．方言和共同语
    2．官话、国语、普通话、华语
    3．文言文、白话文
    4．外来词
    5．繁体字、简化字、异体字

(四) 字典辞书

(五) 汉字和文化

二十、修辞语汇

(一)汉语的特质
(二)修辞语汇
    1．典故
    2．成语
    3．俗语
    4．格言
    5．谚语
    6．歇后语
    7．反语
    8．双关语
    9．灯谜
    10．对联
(三)修辞语汇和文化

二十一、治乱兴衰

(一)中国政治发展的特质
(二)中华民族的形成
    1．华夏始祖
    2．尧、舜、禹传说
    3．汉族和少数民族
(三)政治知识
    1．政府组织
    2．重要职官
    3．朝代兴替
    4．禅让与世袭
    5．仁政与霸政
    6．人治和法治
    7．谥号、封号、年号
(四)文化反思：政治对文化的影响

二十二、历史人物

(一)中国历史上的杰出人物
(二)帝王
    1．秦始皇
    2．汉武帝
    3．唐太宗
    4．康熙帝
(三)相辅
    1．周公
    2．张良
    3．诸葛亮
    4．魏征
    5．范仲淹
(四)将帅
    1．孙武
    2．李广
    3．关羽
    4．岳飞
    5．郑成功
(五)欣赏历史人物的风范

二十三、学术思想

(一)中国学术思想的特质

(二)重要的思想家

  1．孔子、孟子、荀子

  2．老子、庄子

  3．墨子

  4．韩非子

  5．董仲舒

  6．王充

  7．朱熹

(三)新文化运动

(四)文化反思：传统思想的优点和不足

二十四、宗教人生

(一)中华民族的宗教精神

(二)原始宗教

  1．自然崇拜

  2．图腾崇拜

(三)佛教

  1．佛陀生平

  2．基本要义

  3．佛经故事

  4．宗教圣地

(四)道教

  1．基本要义

  2．道教故事

  3．宗教圣地

(五)文化反思：宗教、人生与现代社会

中華文化承傳

學習評估

附錄二

单元一　艺术欣赏

满分：50分　　完成时间：30分钟

一、下列哪位画家有"人民艺术家"的称誉？（4分）

　　　A 张大千
　　　B 徐悲鸿
　　　C 郑板桥
　　　D 齐白石

二、"中国小提琴"是指哪一种乐器呢？（4分）

　　　A 琵琶
　　　B 笛子
　　　C 二胡
　　　D 古筝

三、下列哪个石窟有"世界最大的画廊"之称？（4分）

　　　A 敦煌莫高窟
　　　B 云冈石窟
　　　C 龙门石窟
　　　D 麦积山石窟

四、王羲之的《兰亭序》恣意挥洒，一气呵成，后世誉为_____。（5分）

五、你知道"文房四宝"是指哪四种文具吗？（4分）

六、造园艺术家运用巧妙的建筑设计，从园内探见塔的情景，风景似在园内，实在园外，这是运用了————的手法。(5分)

七、随着科技的进步和普及，许多现代人都会运用电脑输入文字。你认为中国书法会因此被淘汰吗？(6分)

八、试用简洁的文字描绘下列图画的情景：(6分)

九、《高山流水》是中国著名的音乐故事，你从这个故事中得到什么启发呢？(6分)

十、中国的艺术门类中，你最欣赏哪一种？为什么？(6分)

分数指标：	优　秀	良　好	尚　可	仍须努力	还须加倍努力
	41-50	31-40	21-30	11-20	0-10

单元二　人文教化

满分：50 分　　完成时间：30 分钟

一、宋代四大书院中，除了岳麓书院、应天书院和嵩阳书院外，还有哪一所？（4 分）

　　A 东林书院
　　B 石鼓书院
　　C 茅山书院
　　D 白鹿洞书院

二、明清科举考试程序严谨，考生必须经过四级递考，请根据提示，排列出考试顺序。（4 分）

　　A 乡试
　　B 会试
　　C 殿试
　　D 童试

　　＿＿＿→＿＿＿→＿＿＿→＿＿＿

三、北京大学的前身称为＿＿＿＿＿＿＿。（4 分）

四、九品中正制把人才划分为哪九等？（9 分）

　　上品：＿＿＿＿＿＿＿
　　中品：＿＿＿＿＿＿＿
　　下品：＿＿＿＿＿＿＿

五、请指出孔子的两项教学方法。（6分）

六、1.下图中的人物叫什么名字？（4分）

2.他担任北京大学校长时，提出什么办学的方针？（5分）

七、孔子认为："三人行，必有我师。"你从他的这种为学态度中得到什么启发呢？(6分)

八、你怎样理解"风声雨声读书声声声入耳，家事国事天下事事事关心"这对名联呢？（8分）

分数指标：	优 秀	良 好	尚 可	仍须努力	还须加倍努力
	41-50	31-40	21-30	11-20	0-10

单元三　语言文字

满分：50 分　　完成时间：30 分钟

一、"六书"中哪两种不是汉字的造字法？（5 分）

(1) 象形　(2) 指事　(3) 会意　(4) 形声　(5) 转注　(6) 假借

A (1) (2)
B (3) (4)
C (4) (5)
D (5) (6)

二、下列是外来词及其原义，请加以正确配对。（4 分）

德律风・　　・民主
麦克风・　　・科学
德先生・　　・电话
赛因斯・　　・扩音器

三、下列文字，由左至右（1~5）分别属于什么字体？请选择适当的答案填在横线上。（5 分）

金石文　　甲骨文　　草书　　隶书　　楷书

1._____　2._____　3._____　4._____　5._____

四、图中的人物是新文化运动的领袖之一,请问他叫什么名字?(5分)

_____

五、你认为汉字是仓颉一个人发明的吗?(6分)

六、使用简化字有何优点和缺点?(8分)

优点:

缺点:

七、有人说文言文用词深奥,又多典故和对仗,对阅读造成很大障碍。你同意上述的说法吗?试说说你的意见。(8分)

八、试谈谈学习普通话的好处。(9分)

分数指标:	优 秀	良 好	尚 可	仍须努力	还须加倍努力
	41-50	31-40	21-30	11-20	0-10

单元四　修辞语汇

满分：50 分　　完成时间：30 分钟

一、下列四项歇后语中，其中一项是不正确的，请选出来，把答案填在横线上。(4 分)

　　A 和尚打伞——无法无天
　　B 螳臂挡车——死要面子
　　C 泥菩萨过江——自身难保
　　D 猪八戒照镜子——里外不是人

　　　　　　　　　　　　　　　　　　　_____

二、细阅下列四个句子，加以正确配对。（8 分）

　　炖冬菇　　　　　　　　　　　　　•　　•联语
　　黄鼠狼给鸡拜年　　　　　　　　　•　　•歇后语
　　天增岁月人增寿，春满乾坤福满堂　•　　•双关语
　　东边日出西边雨，道是无晴(情)还有晴(情)•　•俗语

三、请在下表中选出六个成语。(6 分)

东	木	射	尾	大	不	掉
手	施	鹬	雨	晓	明	刻
日	海	效	诺	芳	卧	舟
倩	情	霹	颦	若	薪	求
同	仇	敌	忾	甫	尝	剑
台	风	飞	天	李	胆	练
画	龙	点	睛	白	偏	编

四、猜一猜:"卧也坐,行也坐,立也坐,坐也坐"是指什么动物?(5分)

　　谜底:＿＿＿＿＿＿

五、成语的来源除了俗语和诗文外,还有哪两方面?(4分)

六、试解释下列俗语有什么含义?(9分)

　　1. 未学行先学走

　　2. 人怕出名猪怕壮

　　3. 死牛一边颈

七、你认为写文章时运用典故有什么优点和缺点呢?(6分)

　　优点:

　　缺点:

八、对于"与朋友交,言而有信"这句格言,你有什么看法?(8分)

分数指标:优 秀	良 好	尚 可	仍须努力	还须加倍努力
41-50	31-40	21-30	11-20	0-10

单元五　治乱兴衰

满分：50 分　　完成时间：30 分钟

一、中国是一个多民族的国家，全国一共有多少个民族呢？（4 分）

　　A 36 个
　　B 46 个
　　C 56 个
　　D 66 个

　　　　　　　　　　　　　　　　　　　　　　　　　　　_____

二、谁有"人文始祖"之称？（4 分）

　　　A 玉帝
　　　B 黄帝
　　　C 汉武帝
　　　D 唐太宗

　　　　　　　　　　　　　　　　　　　　　　　　　　　_____

三、中国历史上第一个朝代是_____朝，其后共经历了商、周、_____、汉、三国、晋、南北朝、隋、唐、五代、_____、元、明、清各朝代。（6 分）

四、把下列六项加以正确分类。（6 分）

　　汉高祖　　周幽王　　唐高祖　　汉武帝　　贞观　　建隆

　　庙号 _____　_____
　　谥号 _____　_____
　　年号 _____　_____

五、除自治区、直辖市和特别行政区以外,中国共有23个省,请在下表中选出其中5个。(5分)

河	南	青	火	土	巾	英	江
国	嚣	朗	相	手	王	姿	苏
三	浙	江	八	当	小	雄	七
流	行	白	李	石	安	湖	志
风	地	光	福	杜	黄	昌	得
古	上	前	建	中	路	甘	人
千	大	明	十	广	东	九	长
东	江	月	河	川	息	境	江

六、你认为学习历史,对人生有什么裨益?(5分)

七、对于不同的民族,我们应该怎样和他们相处?(5分)

八、大禹为了解决水患,三过家门而不入。他的这种精神给你什么启示呢?(5分)

九、你认为儒家所提倡的仁政对当前政府施政有什么借鉴意义?(5分)

十、你对"法治比人治更可取"有什么看法?(5分)

分数指标:	优 秀	良 好	尚 可	仍须努力	还须加倍努力
	41-50	31-40	21-30	11-20	0-10

单元六　历史人物

满分：50分　　完成时间：30分钟

一、下列哪一位君主确立了中央集权制？（4分）

　　　A 秦始皇　　　　B 唐太宗
　　　C 汉武帝　　　　D 康熙帝

二、下列哪一位君主是中国历史上在位时间最长的皇帝？（4分）

　　　A 秦始皇　　　　B 唐太宗
　　　C 汉武帝　　　　D 康熙帝

三、古代的五经除了《诗》、《书》外，其他三部是：（6分）

　　　(1)《礼》　(2)《易》　(3)《春秋》　(4)《孝经》

　　　A (1) (2)　　　　　B (3) (4)
　　　C (1) (2) (3)　　　D (1) (2) (3) (4)

四、"罢黜百家，独尊儒术"的政策是由————开始推行的。（4分）

五、在杜甫这首诗作中，赞颂的人物是————。（4分）

　　　　　　诸葛大名垂宇宙，宗臣遗像肃清高。
　　　　　　三分割据纡筹策，万古云霄一羽毛。
　　　　　　伯仲之间见伊吕，指挥若定失萧曹。
　　　　　　运移汉祚终难复，志决身歼军务劳。

六、下图中的人物以敢言直谏著称,请写出他的名字。(5分)

_____

七、下图中的人物以"忠义"著称,请写出他的名字。(5分)

_____

八、范仲淹"先天下之忧而忧,后天下之乐而乐"的精神给你什么启发呢?(6分)

九、对于岳飞的"忠君",有人极力推崇,有人评为"愚忠",你有什么看法呢?(6分)

十、对于秦始皇的功过,你有什么评价呢?(6分)

分数指标:	优 秀	良 好	尚 可	仍须努力	还须加倍努力
	41-50	31-40	21-30	11-20	0-10

单元七　学术思想

满分：50分　　完成时间：30分钟

一、韩非子是哪一个学派的代表人物？（4分）

　　　A 儒
　　　B 道
　　　C 墨
　　　D 法

二、下列哪几个人是新文化运动中的代表人物？（4分）

　　　　　(1) 陈独秀　　　(2) 胡适
　　　　　(3) 蔡元培　　　(4) 梁启超

　　A (1) (2)
　　B (3) (4)
　　C (1) (2) (3)
　　D (1) (2) (3) (4)

三、下列哪一家不是"十家"之一呢？（4分）

　　　A 名家
　　　B 杂家
　　　C 阴阳家
　　　D 科学家

四、"鹅湖之会"是指哪两位思想家的学术争辩？请把他们的名字选出来。(5分)

　　　　陆九渊　　程颢　　程颐　　邵雍　　周敦颐　　朱熹

五、_____学说影响中国文化最深远，记载孔子言行的_____被后世奉为经典。(5分)

六、请在下表中选出墨子十大主张的其中五项。(5分)

尚	贤	床	前	尚	同	明	月
情	是	何	物	人	生	何	时
分	节	用	日	子	一	明	鬼
天	生	我	节	葬	才	必	有
天	志	神	仙	谁	非	乐	又
空	有	美	国	破	山	河	在
门	里	家	非	命	思	念	明
非	攻	的	想	像	兼	爱	镜

七、请写出下图中人物的名字。(5分)

_____

八、墨子主张"兼爱"，你认为在现实社会切实可行吗？(6分)

九、你赞同"无为"的思想吗？(6分)

十、你认为人性是善的还是恶的？(6分)

分数指标：	优 秀	良 好	尚 可	仍须努力	还须加倍努力
	41-50	31-40	21-30	11-20	0-10

单元八　宗教人生

满分：50分　完成时间：30分钟

一、下列哪一项不在佛教四大名山之列？（5分）

　　A 峨眉山
　　B 九华山
　　C 五台山
　　D 太行山
　　E 普陀山

二、据说王重阳隐居于哪一座道教名山？（5分）

　　A 嵩山
　　B 天山
　　C 终南山
　　D 武当山
　　E 昆仑山

三、张继在《枫桥夜泊》一诗中,提到哪一处佛教的圣地？（5分）

　　A 少林寺
　　B 寒山寺
　　C 开元寺
　　D 白马寺
　　E 灵应寺

四、佛教寺庙的牌匾一般写有"大雄宝殿"四个大字，"大雄"是指_____。(5分)

五、道教的始祖是_____。(5分)

六、"太极拳"糅合了以柔克刚的道理,据说是由_____所创
　　立的。(5分)

七、你认为道教的思想可以帮助我们解决人生问题吗?为什么?
　　(10分)

八、有人认为佛家思想消极避世,你有什么看法呢?(10分)

分数指标:优 秀	良 好	尚 可	仍须努力	还须加倍努力
41-50	31-40	21-30	11-20	0-10

参考答案

单元一　艺术欣赏

一、D

二、C

三、A

四、天下第一行书

五、纸、笔、墨、砚

六、借景

七、自由作答，言之成理即可。

八、全幅画只有一叶小舟，一个专心垂钓的渔夫，四周环境冷清，营造出"诗中有画"、"画中有诗"的意境。

九、在欣赏音乐的时候，除了要注意旋律和曲调外，也要留意感受音乐所抒发的情感。

十、自由作答，言之成理即可。

单元二　人文教化

一、D

二、D → A → B → C

三、京师大学堂

四、上品：上上、上中、上下
　　中品：中上、中中、中下
　　下品：下上、下中、下下

五、1. 因材施教
　　2. 有教无类

六、1. 蔡元培
　　2. 提出"思想自由，兼容并包"的办学方针。

七、勤学好问／不耻下问

八、自由作答，言之成理即可。

单元三　语言文字

一、D

二、
德律风 —— 电话
麦克风 —— 扩音器
德先生 —— 民主
赛因斯 —— 科学

三、1．甲骨文　2．金石文　3．草书　4．隶书　5．楷书

四、胡适

五、汉字不可能是仓颉一手创造的。文字是在社会交往中由千千万万人创造的，个人只能在文字出现之后，加以收集、归纳和整理。

六、优点：1．笔画较少，书写方便快捷。
　　　　　2．中国内地、新加坡等十多亿人使用。
　　缺点：1．笔画简化了，造成识别困难。
　　　　　2．简化后，若干汉字被废止了。

七、继承中华文化遗产，认识及反思古代文明和传统文化。

八、1．掌握自己国家的"国语"。
　　2．掌握民族共同语，有利彼此沟通。
　　3．多一种语言能力，有利升学、就业。
　　4．培养语感，提升语文水平。

单元四　修辞语汇

一、B

二、
炖冬菇 —— 双关语
黄鼠狼给鸡拜年 —— 歇后语
天增岁月人增寿，春满乾坤福满堂 —— 联语
东边日出西边雨，道是无晴(情)还有晴(情) —— 俗语

三、

东	木	射	尾	大	不	掉
手	施	**鹬**	雨	晓	明	刻
日	海	效	诺	芳	卧	舟
倩	情	霹	颦	若	薪	求
同	仇	敌	忾	甫	尝	剑
台	风	飞	天	李	胆	练
画	龙	点	睛	白	偏	编

四、青蛙

五、1.寓言

2.历史故事

六、1.意指人急于求成,忽略基础功夫。

2.人出了名,便容易招惹是非,就像猪肥壮了便会给人屠宰一样。

3.牛死了,颈部便侧向一边不动。指那些不知变通,性格固执的人。

七、优点：使文章更有内涵,增添可读性。

缺点：造成晦涩难懂。

八、自由作答,言之成理即可。

单元五　治乱兴衰

一、C

二、B

三、夏 / 秦 / 宋

四、庙号：汉高祖 / 唐高祖

谥号：周幽王 / 汉武帝

年号：贞观 / 建隆

五、

河	南	青	火	土	巾	英	江
国	锊	朗	相	手	王	姿	苏
三	浙	江	八	当	小	雄	七
流	行	白	李	石	安	湖	志
风	地	光	福	杜	黄	畕	得
古	上	前	建	中	路	廿	人
千	大	明	十	广	东	九	长
东	江	月	河	川	息	境	江

六、借古鉴今

七、互相尊重，无分你我。

八、因公忘私

九、自由作答，言之成理即可。

十、自由作答，言之成理即可。

单元六 历史人物

一、A

二、D

三、C

四、汉武帝

五、诸葛亮

六、魏徵

七、关羽

八、先忧后乐，为国为民。

九、自由作答，言之成理即可。

十、自由作答，言之成理即可。

单元七　学术思想

一、D
二、C D
三、D
四、陆九渊／朱熹
五、儒家／《论语》
六、

尚	贤	床	前	尚	同	明	月
倩	是	何	物	人	生	何	时
分	节	用	日	子	一	明	鬼
天	生	我	节	葬	才	必	有
天	志	神	仙	谁	非	乐	又
空	有	美	国	破	山	河	在
门	里	家	非	命	思	念	明
非	攻	的	想	像	兼	爱	镜

七、孔子
八、自由作答，言之成理即可。
九、自由作答，言之成理即可。
十、自由作答，言之成理即可。

单元八　宗教人生

一、D
二、C
三、B
四、释迦牟尼
五、太上老君
六、张三丰
七、自由作答，言之成理即可。
八、自由作答，言之成理即可。

本作品从获得香港优质教育基金资助的"初中中国语文科中华文化教学研究及实验计划"开发而成，对本作所引致的任何法律责任，香港优质教育基金信托人概不负责。